물고기들의 학예회

대한과학진흥회 _엮음

스완미디어
SWAN MEDIA

책 머리에

오늘날 우리들은 고도로 발달된 과학 문명의 혜택 속에 살고 있습니다.

우리의 선진 조국 창조를 위해 무엇보다 중요한 것이 과학기술의 개발입니다. 특히 자원이 부족한 우리나라에서 가꾸어야 할 유일한 자원은 과학 기술로 무장한 풍부한 인력 자원입니다.

대한 과학 진흥회에서는 배우는 학생들을 위해 사물을 깊이 관찰하는 습관과 합리적이고 창의적인 과학적 사고를 심어 주기 위한 방법의 하나로 과학 문고를 엮어 내고 있습니다.

과학 문고를 펴냄에 있어서 딱딱한 과학지식을 그림을 곁들여 쉽고 재미있게 이야기로 풀어 써서 학생들이 스스로 원리를 발견하고 재미를 느끼게 함으로써 과학의 여러 분야에 대하여 흥미를 갖고 접근할 수 있도록 하였습니다.

이 책과 더불어 많은 학생들이 과학에 깊은 관심을 갖고 탐구심과 창의력을 기르며 과학을 생활화 할 줄 아는 사람이 되는데 많은 도움이 되었으면 하고 바라는 마음 간절합니다.

기획편찬 **대한과학진흥회**

차례

꿈꾸는 바다

"아빠, 정말이에요?"

"그럼, 정말이고 말고."

"으아, 신난다."

나는 아빠의 대답을 듣고도 믿어지지가 않았다. 어머니께서는 사과를 깎으면서 연신 웃음을 띠셨다.

아빠는 일간지 사진 기자인데 다음 주에 괌으로 여행을 간다고 하셨던 것이다. 다음 주에는 여름 방학이 시작된다.

"엄마도 좋지?"

"그럼, 좋구말고, 신혼여행도 제대로 못했는데 괌으로 여행을 간다니까 엄마도 요즘에는 잠이 잘 오지 않는단다."

"엄마, 왜 신혼여행을 제대로 못했어요?

엄마는 깎고 있던 사과를 놓으면서 입을 여셨다. 그러자 아빠는 엄마에게 빌듯이 말씀하셨다.

"여보, 제발 그 이야기는 그만 하자."

"왜요? 우리 아들이 당신같은 마마보이가 되지 않게 하기 위해서라도 그 이야기는 해야 한다구요."

"글쎄, 바다야, 신혼여행을 제주도로 갔었는데 아빠는 하루

에 두 번씩 네 할머니한테 전화를 걸었어……. '그래, 효자니까 그렇겠지.' 하고 좋게 생각을 했단다. 그런데 신혼여행 이튿날 아빠가 할머니한테 전화를 걸고 나서 끊더니 갑자기 서울

로 올라가자고 하더라구…… 글세 떡이……"

"여보 제발 그만 해. 그 이야기 이제 귀에 닳고 닳은 얘기다."

"당신은 닳고 닳은 이야기지만 나는 그게 평생 마음에 남을 거라구요. 글쎄 떡집에 맞춰놓은 떡이 굳는다는 어머니 말씀에 그 떡이 굳기 전에 서울로 돌아가겠다는게 대체 말이나 되는 소리에요. 신혼여행에서 떡이 굳을까 봐 제주도 한라산에도 못가본 신혼부부는 우리 밖에 없을 거에요. 아마……."

"으하하하."

나는 소리나게 웃었다.

"그래서 엄마가 아빠하고 부부 싸움 할 때, 엄마가 주로 아빠를 공격하는 말이 '떡 굳는 소리 하지 말아욧!' 하는 구나."

"어머머, 언제 그 소리 들었니?"

엄마는 어이없는 표정으로 나를 바라보셨다.

"언제 듣기는요? 내가 엄마 아빠 말 알아들을 때 맨 처음에 들었던 말인데……."

"뭐, 허허허."

"호호호."

엄마 아빠는 내 말에 폭소를 터뜨렸다. 잠시 후에 엄마는

아빠에게 물었다.

"여보, 그런데 왜 하필 괌이에요. 남들 다 가는 곳인데…… 우리 이번에는 남들 안가본데 가요."

"남들 안 가본데 어디? 달나라?…… 이번에 괌에 가는 건 나에게는 아주 중요한 거니까 절대로 바꿀 수 없어."

농담처럼 말씀하시는 아빠의 모습은 뭔가 진지해 보였다.

"뭐가, 그렇게 중요한 일이에요? 중요한 취재라도 해요?"

"아니야. 내 일이야."

"점점 더 궁금하게 만드네…… 뭔데요."

"비이밀!"

아빠는 힘주어 말하고 서재로 쑥 들어가 버리셨다. 엄마도 서재로 쫓아 들어가셨다.

'아빠가 괌에 가는 중요한 비밀이 무얼까?'

나도 점점 궁금해졌다.

그 다음 주 인천공항.

공항은 사람들로 북적거렸다.

노랑 머리에 푸른 색 눈동자의 백인, 까만 눈동자의 황색인, 초록색 눈동자의 흑인, 전봇대처럼 키 큰 외국인, 몽당 연

필처럼 작은 외국인 등 많은 사람들이 붐볐다.

그 사람들을 보자, 내 마음은 더욱 설레었다. 외국 여행은 이번이 처음이기 때문이다.

아빠는 여행을 좋아해서 다른 사람들보다 여러곳을 다니셨다. 아빠의 영향인지 나도 여행을 무척 좋아한다.

“아빠, 괌은 어떤 곳이에요?”

"응, 동남 아시아의 작은 섬인데 아주 아름답단다. 나도 말로만 들었지만."

아빠는 흥분된 목소리로 말했다. 그런데 아빠는 다른 때보다 다른 점이 있었다. 말이 별로 없으시고 그다지 얼굴에 기쁘거나 슬픈 표정이 잘 나타나지 않으시는 편인데, 이번에는 무척 흥분된 모습으로 다른 때보다 즐거움에 넘쳐 있었다.

우리는 곧 여행 수속을 마치고 비행기를 탔다.

“이륙 합니다. 안전벨트를 매십시오. 즐거운 여행 되시기 바랍니다.”

아나운서의 목소리가 부드럽고 상큼하게 들렸다.

드디어 비행기는 웅웅 소리를 내며 활주로를 미끄러지듯 이륙하기 시작했다. 어느새 비행기 밖으로 작게만 보이던 뭉게 구름이 코 앞에 가까이 닿았다. 뭉실뭉실 부드러운 구름은 짙은 안개처럼 넓게 넓게 퍼져 있었다.

“으아!”

나도 모르게 신나게 외쳤다.

“어떠니? 바다야. 너는 비행기를 처음 타보니까.”

엄마는 수다스럽게 물었다.

“너무 좋아. 신기해.”

정말 신기했다. 비행기 창 밖으로 아래를 내려다보니 그렇게 커보이던 빌딩, 도로의 자동차, 트럭, 버스들이 개미보다 더 작게 보였다. 그뿐 만이 아니었다. 사람들은 아예 조그마한 점처럼 보였다. 울긋불긋한 초록의 산들이 더욱 화사하게, 맑게 보였다.

그 산들을 따뜻하게 감싸고 있는 강들이 시원스럽게 뻗쳐

있었다.

'내가 사는 땅은 정말 아름다운 곳이구나'

계속 아래를 바라보니까 마치 거인이 된 듯한 기분이었다.

'와, 한 손에 저 빌딩을 꽉 잡으면 바사삭 부스러질 것 같애.'

나는 어느새 거인이 되어 빌딩을 한 손에 잡고 도로 위를 마구 걸아다니는 도시의 무법자가 되고 있었다.

'나쁜 사람들만 골라 혼내 줘야지. 헤헤.'

"바다야, 음료수 먹어라."

"네."

엄마가 시원한 주스를 건네주었다. 꿀컥 꿀컥 주스를 삼키자 가슴속까지 시원해졌다.

그런데 아빠는 엄마가 건네주는 주스를 마시지 않고 뭔가 골똘히 생각하셨다.

"여보, 무슨 생각해요?"

"응? 뭐……."

"옛날 애인 생각이라도 해요?"

엄마는 웃으면서 농담하셨다. 그런데 아빠는 껄껄 웃으시며 진지하게 말씀하셨다.

"당신 족집게네. 어떻게 알았어?"

"뭐에요?"

엄마는 정말 화가 났는지 아빠의 팔을 꼬집었다.

"다 늙어서 질투하기는……"

"아니, 이 양반이…… 정말 옛날 애인 생각해요?"

아빠의 말에 엄마는 더욱 화가 나서 아빠의 겨드랑이를 꼬집었다.

“아얏, 바, 바다야. 여자가 가장 귀여울 때는 이렇게 질투할 때거든.”

“뭐에요. 애 앞에서…… 못할 말이 없어…… 떡 굳는 소리 좀 그만해요!”

“하하하.”

“헤헤헤.”

우리 가족은 이렇게 웃으며 비행기 안에서 시간을 보냈다. 그런 사이에 우리 가족은 어느새 괌이라는 동남 아시아의 작은 섬에 도착했다.

우리 가족은 호텔에서 하룻밤을 잤다. 그리고 엄마 아빠를 따라 스쿠버다이빙으로 유명한 바닷가로 나갔다.

이곳은 괌 남동부의 아프라항.

아빠와 엄마, 나는 ‘페라비다’ 호를 타고 바다로 나갔다.

이곳에는 매연과 대기오염으로 찌든 하늘도, 거리도 없다. 에메랄드빛 바다가 무한하게 펼쳐져 있다.

선장은 우리가 잠수할 다이빙 포인트(다이빙할 장소)를 정했다. 그 장소는 블루홀이라고 불리우는 바다 동굴의 핑거립이라는 곳이다.

그 바닷가는 내가 우리나라에서 가 본 바다색깔과 너무 달랐다. 푸르다 못해 검푸른 바닷물이 아주 투명했다. 바다 속에 놀고 있는 고기를 본 것은 처음이었다.

"와!"

내가 함성을 지르자, 아빠는 조용히 웃으며 물었다.

"바다야. 바다에는 몇 가지 색깔이 있는 줄 아니?"

"바다의 색깔?"

"푸른색."

"푸른색 말고 다른 색깔은 보이지 않니? 잘 봐봐."

"아, 알았어요. 흰 파도가 치니까…… 푸른색과, 흰색."

나는 자신 있게 대답했다. 그런데 아빠는 웃으시며 고개를 흔드셨다.

"바다에는 일곱가지 색깔이 있단다. 태양빛에 반사되는 바다빛깔은 붉은 주홍색, 귤 같은 주황색, 노르스름한 색…… 그래서 바다는 일곱 가지의 마음이 있다고 한단다."

"일곱 가지의 마음이에요?"

"그래, 바다를 만든 하느님을 경외하는 마음, 누구라도 바라보지 않아도 바다는 늘 철썩거리거든, 그래서 외로운 마음, 육지를 그리워하는 마음, 밤이면 눈부시도록 빛나는 별들이 내려와 앉아 무서운 옛날 이야기를 전해 들을 때마다 여러 가지를 상상하는 마음…… 오고 가는 배 위에서 흘러나오는 선원들의 노랫가락을 듣는 마음……"

"일곱번째 마음은 뭔데요?"

"아빠는 그걸 잊어버렸단다. 어렸을 때, 누나한테서 들었는데……"

아빠는 겸연쩍게 웃으셨다. 아빠가 말한 누나는 나의 큰 고

모인데 어렸을 때 그만 돌아가셨다고 한다.

그때, 곧 털북숭이 사나이의 말이 들렸다.

"자, 어서 잠수복을 입으십시오."

"바다야, 아빠가 입혀줄 게."

아빠는 나에게 잠수복을 입혀 주고, 아빠도 입으셨다. 단단한 고무 같은 검은 색 잠수복, 등에 맨 산소통. 아빠는 나에게

스쿠버다이빙을 하자고 하셨다.

엄마는 바다속에 들어가기 싫다며 배 위에 계셨다.

엄마는 내가 어려서 바다속에 들어가면 위험하다고 말씀하셨지만 아빠는 그렇지 않다며 한사코 나를 바다속에 데리고 들어가려고 하셨다. 아빠는 잠수복을 다 입고 말씀하셨다.

"바다는 아빠의 고향이다. 나는 바다에서 태어났다. 나도 너에게 바다를 보여주고 싶었단다. 아빠 고향의 바닷물에는 이제 들어갈 수가 없어…… 바다 오염이 너무 심해져서……"

아빠는 마지막 말끝을 맺지 못했다. 얼굴에 어둡게 비쳐지는 슬픈 표정이 스쳤다.

"이곳 바다는 여행객을 위해 만들어 놓은 안전한 잠수지역이다. 그러니 안심해라. 상어가 달려와서 꿀꺽 잡아먹지는 않을 테니……."

아빠는 곧 밝은 목소리로 말했다.

공기통을 점검하고 장비를 착용했다. 아빠와 나뿐 만이 아니라 다이버들의 긴장된 얼굴이었다. 드디어 로프를 잡고 아빠와 나, 그리고 여러 명의 관광객들은 선장의 지시에 따라 천천히 한 사람씩 바다 속으로 들어갔다.

'아, 바다!'

나는 숨이 막힐 정도로 감탄했다. 세상에 태어나서 이렇게 아름다운 모습은 본 적이 없었다.

모든 것을 빨아들일 듯한 바위 동굴 '블루 홀'을 따라 바닷속으로 내려갔다.

깊은 바닷속으로 내려가다 문득 위를 쳐다보았다. 눈부시게 쏟아져 내리는 햇살! 그 햇살과 맑고 투명한 초록빛이 물 위에 떠다니고 잠수복 입은 스쿠버들의 물고기 같은 부드러운 몸짓 등이 범상하지 않았다.

"아!"

나는 그만 눈 앞이 황홀했다. 환상의 나라, 꿈의 나라, 바로 어렸을 때 읽었던 동화책속의 화려한 용궁이 있는 바다 모습과 똑같았다. 아니, 비교할 수 없이 신비스럽고 아름다웠다.

바닷물의 움직임따라 의젓하게 춤추는 산호초들. 벌룸벌룸 입이 열려 말할 것만 같았다. 거기에서 20미터쯤 내려오니 거대한 산호숲이 펼쳐졌다. 산호는 바다속의 열대나무들이다.

거대하게 이룬 산호숲은 그 전체가 하나가 되어 바다의 음악에 맞춰 춤을 추고 있었다. 마음속으로 들리는 이 위대한 자연의 음악! 나는 속으로 인사를 했다.

'안녕, 산호야.'

'안녕, 바다야.'

산호들 사이로 수십마리씩 떼지어 노닐던 버터플라이피시들이 나를 향해 다가왔다.

"으악!"

나는 감탄과 놀람으로 도망쳤다.

나는 아빠의 뒤를 따라 바다의 동굴인 블루홀 속으로 들어갔다. 폭 15미터, 길이 20여미터라는 설명을 들었지만 이곳은 마치 바닷속이 아닌 신비로 가득한 우주였다.

나는 길을 잃은 작은 우주인…… 우주를 떠도는 외로운 철새 같았다. 사방을 쳐다보니 사람들이 검은 동굴 속에 떠 있는 모습이 모두 길 잃은 우주인들 같았다.

갑자기 무서운 생각이 들었다.

동굴을 빠져나오자 다시 엄청난 환상의 세계가 펼쳐졌다.

아빠한테 들은 형형 색깔의 고기들이었다.

흰동 가리돔, 바다 맨드라미, 패롯피시, 엔젤피시, 버터플라이피시, 그루퍼, 바라쿠다…… 온갖 바다 생물들이 유연하게 떠다녔다.

이름 모를 물고기들이 수없이 많았다. 흰 살에 검은 줄무늬 물고기, 빨간 점박이 고기, 입만 큰 우수꽝스러운 물고기, 눈알이 툭 튀어 나온 물고기, 미련하게 생긴 커다란 물고기는 느릿느릿하게 헤엄치는데 우리 반 뚱보 영동이가 걷는 모습 같았다.

수염이 길게 자란 열대어는 동네 복덕방 할아버지 같고, 날씬하고 눈이 동그란 초록색 물고기는 새침 떼기 옆 집 민아 같았다.

'헤헤헤, 이곳에 다 모였네. 친구들에게도 이 모습을 보여줄 수 있다면……'

엄마 물고기를 졸졸졸 따라다니는 새끼 열대어들…… 그것은 너무나 아름다웠다. 지상과는 완전히 다른 세계였다.

그 세계는 어른들의 무시무시한 전쟁도 없고, 지독한 매연과 대기 가스도 없고, 미움도 없고, 시끄러운 소음도 없고…… 하루 종일 공부와 씨름하는 학교나 학원도 없고…….

오직 평화와 고요함, 열대어들과 바다가 어우러지는 아름다운 화음밖에 없었다.

'정말 내가 꿈을 꾸고 있는 것은 아닐까? 꿈이라면 깨지 않았으면……'

나는 마치 동화책을 읽다가 그만 그 속으로 빨려 들어온 기분이었다.

내 앞에 먼저 가고 있는 아빠는 무언가를 찾는 듯이 고개를 두리번거리셨다. 아빠는 수중 카메라를 가지고 이곳 저곳 찍고 계셨다.

'헤헤, 아빠는 바다속에 보물이라도 찾고 계시는 걸까?'

이윽고 시간이 다 되어 나는 아빠의 손에 끌려 다시 배 위로 올라갔다. 배 위에는 맛있는 점심이 준비되어 있었다.

나는 너무 흥분되어 잠수복을 벗을 생각도 하지 않고 기다리고 있던 엄마에게 달려갔다.

"엄마, 바다속이 굉장해요. 세상에 그렇게 많은 물고기를 본 적이 없어요. 우리나라 금붕어 같은 게 아니에요. 생김새와 색깔이 얼마나 많은지……."

"알았다, 알았어. 아빠가 카메라에 담았을 테니 엄마는 사진을 보지 뭐."

엄마는 대견스러운지 만족해 하셨다.

"어서 옷이나 벗어라."

엄마는 내가 입은 잠수복을 천천히 벗겨 주셨다.

아빠도 어느새 잠수복을 벗고 바다에 눈을 돌리셨다.

바다에는 갈매기 두어 마리가 끼욱 끼욱 노래하며 빙빙 날고 있었다.

아빠는 나에게 말했다.

"바다야, 저건 바다 갈매기란다."

"바다 갈매기요?"

"헤헤. 그럼 나하고도 이름이 비슷하다. 나도 김바다인데…… 그런데 나보다 훨씬 잘 생긴 것 같아요."

"아빠가 살았던 고향 바다에는 언제나 저런 갈매기들이 날아다녔다. 작은 섬이었지. 매일 몰아치는 밤파도 소리를 들으며 잠을 자기도 하고 또 깨기도 했단다. 그리고 항상 끼욱 끼욱 바다 갈매기들이 바다 위를 빙빙 나르는 모습을 항상 지켜보았다. 바다 갈매기들은 바다 소년들의 친구였다. 멀리 떨어진 먼 도시, 먼 나라의 이야기를 들려주는 것만 같았지……. 그런데 그 바다가……"

"아빠, 왜 그러세요?"

아빠는 가끔 고향 바다 이야기를 하면 얼굴이 어두워지시며 침울해 하셨다.

"바다는 인간에게 어머니와도 같은 곳이다. 수백 가지의 생물이 바다에서 살고 있고, 넓이도 지구의 70%가 바다로 되어

있으니까…… 그런데 그 바다를 인간이 망치고 있다…… 극심한 오염으로 인해 죽은 바다, 어떤 생물이 살지 못하는 바다가 되어가고 있는 거지."

"여보, 식사하세요?"

우리는 배 위에서 맛있는 점심을 먹었다.

'바다가 죽어가고 있다. 어떤 생물도 살지 못하는 바다? 그 아름답고 평화로운 열대어들이 살지 못한다고? 아, 믿을 수 없다……'

산호초의 멸종

우리는 삼박 사일의 괌 여행을 끝내고 한국으로 돌아왔다. 엄마는 기간이 짧다고 투덜거렸지만 나는 바닷속 여행으로도 충분했다. 아니, 평생 잊지 못할 추억이 되었다. 숲을 이룬 바닷속 산호와 열대어들이 얼마나 인상 깊었는지 지금도 내 눈앞에 아른거린다.

비행기 안에서 엄마가 아빠에게 물으셨다.

"여보, 괌에 가서 중요한 할 일이 있다고 했잖아요. 그거 해결했어요? 연신 사진만 찍어대더니…… 그게 비밀이에요?"

"글쎄, 다는 해결하지 못한 것 같은데……."

아빠는 연신 조용한 웃음을 지었다.

나는 아빠의 비밀이 궁금했다.

"아빠, 정말 그 중요한 일이라는 게 뭐에요?"

"……, 나중에 이야기 해 주마."

아빠는 그 다음에 입을 다물었다.

그리고 며칠 후 였다.

나는 예전처럼 다시 학원에 다녔다. 이번에는 공부하는 학원만 아니라 바둑, 탁구도 배웠다. 그래서 다른 여름 방학보다는 훨씬 신이 났다.

같이 바둑과 탁구를 배우는 아이들도 그런 모양이었다.

나는 친한 친구 정아와 우람이에게 괌에서 본 것을 입에 침이 마르도록 말해 주었다.

정아와 우람이는 부러워서 죽겠다는 표정이었다.

"정말, 동화책에서 본 용궁보다 더 아름다워."

"동화책? 용궁? 비교하지도 마…… 바다에는 고기만 살고 있는 게 아니더라구. 마치 산에 피는 꽃처럼 아름다운 식물들도 엄청나게 많고 바위처럼 단단한 돌들도 많고, 군집을 이룬 산호초들은 마치 하늘에서 내려다보는 울창한 숲을 보는 것 같다니까…… 그 산호초는 수많은 물고기들의 집이기도 하대……"

나는 내가 본 열대어들의 생김새에 대해서도 말해 주었다.

"헤헤헤, 잠수복 안경을 끼고 있었는데 노란색 물고기 한 마리가 나를 계속 쫓아다니는 거야. 내가 물고기처럼 보였나 봐. 자꾸 와서 입에 뽀뽀하려고 입을 쑥 내미는 거야."

"헤헤헤. 정말이야."

"히히히. 정말 재미있었겠다."

정아와 수철이는 너무 좋아했다. 시샘이 났는지 정아는,

"나도 우리 엄마 아빠한테 괌으로 여행하자고 졸라야지."

그러자, 우람이는,

“야, 꼭 괌에 가야할 필요가 어디 있니? 우리나라도 삼면이 바다로 둘러싸인 바다 나란데…… 그렇지 바다야?”

“그래, 그렇기는 한데…… 우리나라 바다에도 그런 아름다운 열대어들이 살고 있을까? 우리 아빠가 어렸을 때 살던 바다는 이미 너무 더러워져서 물고기들이 많이 죽어가고 있다던데……”

바다는 아빠가 말해 준 것이 떠올랐다.

“아니야. 그래도 우리나라 바다에도 그런 아름다운 바다가 있을 거야. 난 믿어…… 신토불이 모르니? 바다도 우리 것이 좋은 것이야!"

우람이는 장난스럽게 말했다.

"나는 언제 그런 바다에 가보지…… 나는 해수욕장에 갔다 왔는데 고기는 커녕 사람들이 버리는 쓰레기만 잔뜩 보았는데…… 헤엄치다가 뭔가 얼굴이나 다리에 걸리는 게 비닐 봉지나 과자 봉지인 것 있지…… 다시는 그런 해수욕장에 가고 싶지 않아. 물이 파란게 아니라 아주 희뿌옇다고……."

정아가 말했다. 그러자 우람이도 말했다.

"맞아, 우리 가족도 사람들이 잘 안간다는 해수욕장을 고르고 골랐는데도 더럽더라구. 바다에 가서 고래를 보고 싶었는데…… 고래는커녕 물고기 콧수염도 못 봤어."

"야! 좋은 수가 있다!"

그러자, 정아와 우람이가 동시에 물었다.

"뭔데?"

"오늘 우리 아빠가 괌 바다속에서 찍은 사진을 인화해서 찾아오신다고 했거든. 아침에 말씀하셨어. 그러니까 너희들은 부모님 허락받고 우리 집에 같이 가서 그 사진을 보자. 내가 전화 할테니까 오후에 우리 집에 와. 아빠 일찍 들어오신다고 했어."

"으아, 정말?"

정아와 우람이는 좋아했다.

그 날 오후.

정아와 우람이는 우리 집에 왔다.

아빠도 정아와 우람이가 오자 반갑게 맞아 주셨다.

"잘왔다. 자, 이제 사진을 보여 줄게."

아빠는 커다란 봉투에서 사진을 조심스럽게 꺼내었다.

나도, 아이들도 잔뜩 긴장했다. 엄마도 긴장한 모양이었다.

"자, 봐라."

아빠가 꺼낸 사진을 보자 엄마와 우리들은 입이 함박만 하게 벌어졌다.

"아!"

아빠가 대형 사진으로 뽑아 인화했기 때문에 정말 생생하게 바닷속 풍경이 찍혀져 있었던 것이다.

아이들은 아무 말을 못하고 눈이 둥그레졌다. 나는 의기양양하게 말했다.

"어때?"

“괴, 굉장하다. 네가 말한 것 보다 훨씬 더 신비롭고 아름다워.”

나는 사진 속에 거대한 군집을 이룬 산호초를 손가락으로 가리키며 말했다.

“이게 내가 말한 바닷속 숲이야. 꿈틀꿈틀 움직이는 게 보이지? 마치 합창하는 모습 같지 않아?”

"와!"

우람이와 정아는 탄성을 질렀다. 곧 우람이가 아빠에게 물었다.

"아저씨, 정말 바다속에 이런 아름다운 숲이 있어요?"

그러자, 아빠는 껄껄 웃었다

"얘들아, 산호는 식물이 아니란다."

"엉? 아빠 식물처럼 생겼던데…… 이파리도 있고, 꽃처럼 색깔도 여러 가지이고……."

"아니야, 산호는 동물이란다."

"예?"

아이들도 놀랐다. 보기에는 꼭 식물 같았다. 동물처럼 팔, 다리가 달린 것도 아니고, 입이 있고 눈이 있는 것도 아니었다. 그렇다고 동물처럼 소리를 내는 것도 아니었다.

"정말이에요?"

나는 믿어지지 않는 목소리로 물어 보자, 아빠는 차근차근 설명해 주셨다.

"그래, 그래서 자연은 신비로운 거지. 산호는 식물의 몸체를 하고 있지만 실은 동물이다. 이 사실이 밝혀진 것은 오래된 일이 아니야. 18세기 전에는 산호가 식물인 줄 알았단다. 그때까지만 해도 산호는 바닷속에서 가지를 뻗치고 꽃까지 피우는 식물로 알았지. 그런데 18세기 중반에 프랑스의 페이소넬이라는 학자가 동물임을 증명한거야. 산호는 위와 장이 하나로 이뤄진 원시적 생물이란다. 겉은 딱딱한 껍질로 이루어져 있으며 내부는 부드러운 몸체로 만들어 졌단다. 동물임을 증명하는 확실한 증거는 산호가 알을 낳는다는 거야. 산호가 낳는 알

은 바다 위로 떠올라 정자와 결합한 뒤 세포분열을 해가며 새로운 서식지를 찾아 나선단다. 이런 산호들이 모여 이렇게 커다란 군집을 이룬 것을 산호초라고 하는 거야."

"아, 정말 신기한데? 산호가 새끼를 낳다니?"

정말 놀라운 일이었다.

아빠는 더욱 진지하게 말씀하셨다.

"이 산호초는 인간에게 아주 중요한 일을 한단다."

"인간에게 중요한 일을요?"

우람이는 아주 흥미로운 눈빛으로 아빠에게 물었다.

"글쎄 그게 무얼까? 너희들이 한 번 말해 볼래? 우람이가 먼저 말해보렴."

아빠는 거꾸로 우리에게 물었다.

"응, 미역처럼 따다가 요리해서 먹을 수 있나요?"

"아닌데."

그러자, 정아가.

"내 친구 집에 이런 아름다운 산호가 장식되어 있는 걸 봤어요. 장식품으로 쓰이나요?"

"글쎄, 그렇긴 하지만…… 장식품이 인간에게 아주 중요한 역할을 한다고는 할 수 없지."

그 다음은 내 차례인데 알 수가 없었다. 머리를 갸우뚱 하다가,

"맞아! 아빠 바다속에 사는 생물들이 산호초에 집을 짓고 산다고 했잖아요. 그러니까 바닷속의 아파트잖아요. 생물들을 보호하는 집 역할을 하는 거요."

나는 자신 있게 대답했다.

아빠는 고개를 끄덕이셨다.

"그래, 그것도 산호초가 하는 중요한 일이지만 더욱 더 중요한 일을 한단다. 산호초는 사람들에게 꼭 필요한 산소를 만들어 낸단다."

"산소요?"

"동물이라면서요?"

나와 우람이는 번갈아 물었다. 아무래도 산호는 정말 이상한 동물이다.

"그래 동물인데 식물처럼 광합성 작용을 해서 바닷물 속에 녹아 있는 이산화탄소를 흡수하고 산소를 만들어 낸단다. 산호초의 단위 면적당 광합성 능력은 열대 우림보다도 뛰어나단다. 산호초는 사람들이 내뿜는 이산화탄소의 10분의 1정도 흡수한다. 그뿐만이 아니다. 바다가 말한 것처럼 산호초는 전 세계 해양 생물의 4분의 1의 서식처를 제공하는 바닷속의 숲이다. 그리고 산호초는 바다의 백화점이기도 해."

"바다의 백화점은 무슨 뜻이에요? 아빠."

"사람이 먹는 물고기의 20~25%가 산호초 부근에서 잡히는 것이다. 길이 10만 킬로미터나 되는 지구상의 산호초는 전 세계 해안선의 15%를 보호하는 방파제이기도 해. 산호초는 이산화탄소를 이용해 석회석을 형성해서 공해 때문에 심각해진 지구 온난화를 늦춰주는 역할을 한단다. 그런 산호초가 죽어간다면 어떤 일이 생기겠니?"

아빠는 갑자기 말꼬리를 돌리셨다.

"바닷속에 있는 산호초가 지구의 온난화를 늦춰줘요?"

지구 온난화는 공해와 대기 오염으로 인해 지구의 온도가 올라가서 기상이변을 나타내는 무서운 현상이라는 것을 알고 있다.

정아와 나는 놀란 듯이 겁에 질린 표정으로 되물었다.

"산호초가 죽어간다구요?"

아빠는 다른 봉투에서 사진을 꺼냈다. 그 사진을 괌에서 찍어 온 사진 옆에 나란히 두었다.

"이것도 산호초란다!"

"말도 안되요. 아빠!"

그건 분명히 괌에서 보았던 산호초가 아니었다. 그렇게 푸르고 맑던 바닷물도 아니었다. 희뿌연 바닷물 속에 울퉁불퉁 구멍이 보기 싫게 펑펑 뚫려 있는 돌 같았다.

"이게 죽은 산호초의 모습이란다. 자연스럽게 죽은 것이 아니라 바다 공해로 어쩔 수 없이 죽어 간 산호초의 모습이야."

아빠의 목소리는 잔잔했지만 어딘지 침통했다.

"이 죽은 산호초도 예전에는 세계에서 가장 아름다운 산호초 군락지로 유명했던 플로리다 주. 너무 아름다워서 60년 동안 주립 공원으로 지정됐지. 그런 사실이 퍼져 나가자 사람들이 이곳에 몰려들었다. 2백만의 스쿠버 다이버들, 낚시꾼들, 관광객들이 모여들면서 산호초는 병들어 갔다. 산호초는 깨끗한 바다에서만 자라거든. 곳곳에 생긴 호텔과 콘도에서 나오는 오물들과 폐수는 바다로 흘러들었고, 여름 장마비에 들끓는 모기들을 죽이기 위해 일주일에 2회씩 뿌려대는 살충제가 바다위에 살포됐단다. 지구 온난화가 점점 심해지자 산호초들은 그 때문에 그 아름다운 색깔을 잃고 하얗게 탈색되었다. 사람들이 무자비하게 산림을 벌채함에 따른 모래흙들이 바다로 스며들고, 모래흙들은 산호를 덮어 산호가 성장하는 것을 억제하게 되었다."

"그래서 이렇게 색깔이 하얗게 변한 거예요? 그 노란 꽃을 피우던 푸른 산호가 말이에요?"

나는 눈물이 날 뻔했다.

"어떻게 이런 일이 벌어질 수 있어요. 그 아름답던 산호초들이 죽도록 어른들은 그냥 있었어요?"

우람이는 씩씩대었다.

"어른들이라…… 그 어른들이 더 망치고 있지…… 산호초가 이렇게 거대한 군집을 이루려면 수백 년이 걸린단다. 산호초들의 일년동안의 성장 길이는 겨우 8~25밀리미터 밖에 안 되거든. 그런데 사람들은 그 귀한 산호초를 마구잡이로 채집해서 써 버리지. 스리랑카와 인도에서는 일정지역에만 있는 산호초 전체를 부숴 시멘트 생산에 이용했고, 남태평양의 팔라우섬의 건설업자들은 공항 활주로 공사에 산호초를 이용했다. 과학자들은 지금과 같은 속도로 산호초가 파괴된다면 앞으로 20~40년 안에 지구상의 산호초 60%가 사라질 것이라고 예고하고 있단다."

"정말 어른들은 나빠!"

정아는 소리를 질렀다.

'그렇다. 정말 어른들은 나쁘다.'

나는 주먹을 굳게 쥐었다.

"산호초가 죽어가면 바로 가장 큰 피해를 입는 건 바다 생물과 우리 사람이다. 산호초는 암과 에이즈에 필요한 화학물질을 만들어 낸다고 한다. 그리고 산호의 몸체를 이루고 있는 다공성 석회석은 오랫동안 인간의 뼈를 대신하는 재료로 사용되어 왔단다. 다른 신경계통 관련 약 성분으로도 매우 중요한

역할을 한단다."

"대단하네요?"

엄마도 놀랐는지 감탄을 했다.

"세상에 산호초가 그렇게 중요한 역할을 하는지는 정말 몰랐어요. 여보 난 단지 참 아름답다고만 생각했었는데……."

"아빠, 산호초를 살릴 방법이 없나요?"

나는 궁금했다.

"산호초를 살릴 수 있는 길은 바다를 살리는 길이다. 바다를 살리기 위해서 지구인들은 하나가 되어 공해와 오염을 최대한 줄이거나 없애야 한다. 그 길 밖에는 다른 방법은 없지."

아빠는 혼잣말로 중얼거렸다.

그날 밤 아빠가 괌에서 찍어 온 바다속 사진을 액자에 넣어서 벽에 걸어 놓았다.

나는 오랫동안 그 산호초와 열대어들이 평화롭게 노니는 바닷속을 쳐다보았다.

보면 볼수록 마음이 황홀해지고 따뜻해졌다. 마치 나 자신도 작은 열대어가 되어 바닷속을 부드럽게 헤엄치고 있는 것 같았다. 산호초 주위에서 살고 있는 열대어들과 바다 식물들…….

'아, 저 바다를 지켜야 하는데…… 내가 바다를 지킬 수만 있다면…….'

그때, 방문을 열고 아빠가 들어오셨다.

"무슨 생각을 하고 있니?"

"아빠…… 바다를 지키고 싶어요. 저것 보세요. 저 환상의 나라, 평화의 나라가 무자비하게 더러워지고 산호초와, 열대

어들, 바다 식물들이 죽어가는 것을 어떻게 가만히 보고만 있을 수가 있어요? 너무 불쌍해요. 바다가 병들면 바다 생물들은 같이 병들고 결국 죽어가고…… 나는 바다를 꼭 지키고 말 거에요."

나는 굳게 굳게 다짐을 했다. 아빠는 내 손을 굳게 쥐었다.

"바다야, 아빠의 고향이 바다라고 했지……"

"네. 아빠 고향은 서해란다. 세계에서 두 번째로 오염된 바다. 죽은 바다."

"네? 서해 바다가 세계에서 두 번째로 더러운 바다라구요?"

"그래, 어렸을 때는 그 바다가 아주 푸른 바다였단다. 친구들과 수영도 하고 물고기들과 놀기도 했지. 물고기떼들이 지나가는 것을 눈으로 보았단다. 그런데 어느새 그 바다에는 물고기들이 살수도 없고 너무 더러워 악취만 풍기는 바다가 되고 만거야."

"왜 그렇게 됐어요?"

"그 곳에서 장사를 하는 사람들이 버리는 오물도 한 몫했지만 우리나라에서 이름만대면 다 아는 재벌 회사들이 그 바다를 망쳐 놓았단다. 재벌 그룹들이 육상에서 처리하지 못한 분

뇨와 폐수 등을 마구 바다에 버렸어. 그 폐수들은 산소를 차단시켜 고기들이 떼죽음을 하게 됐다. 또 중국의 공업화 이후 마구 바다에 버려지는 폐수들이 서해로 흘러 들어 더욱 바다를 병들게 했단다. 미국의 워드워치연구소는 서해를 흑해에 이어서 세계에서 두 번째로 오염이 심각한 바다라고 발표까지 했지만, 엄청난 돈을 벌고 있는 재벌과 정부는 별 대책을 세우지 않았단다. 그래서 이번에 괌으로 가서 바닷속에 들어간 건······ 내 고향의 바다 냄새를 맡고 싶었던 거지······"

아버지는 씁쓸한 표정을 짓더니 말을 잇지 못했다.

"왜요? 아빠, 그 바다는 굉장히 황홀했잖아요."

"그래, 그러나 역시 고향 바다 냄새는 아니더구나."

"아빠가 괌에 가서 한 중요한 일이 그것이였어요? 고향 냄새를 맡으러 가는 일?"

나는 궁금한 것을 물었다.

그러자, 아빠가 고개를 끄덕이셨다.

"네 말이 맞단다. 그리고 아빠가 한 말 기억나니? 바다에 일곱가지 색깔, 일곱가지 마음이 있다는 것 말이야."

"네, 아빠는 한 가지 마음은 잊어 버렸다고 했지요?"

"그래, 아빠는 어렸을 때 누이가 말해 주었던, 바다의 일곱 가지 마음 중에서 잊어버린 한 가지를 찾기 위해 바다속으로 들어갔던 거야."

"찾아 내셨어요?"

나는 다그치듯 여쭈어 보았다.

"글쎄, 찾은 것 같기도 하고, 아닌 것 같기도 하고……."

아빠는 알쏭달쏭하게 대답해 주셨다.

"아빠, 나는 그 바다의 마음을 알아요!"

나는 의미심장하게 대답했다. 그러자 아빠는 뜻밖이다 라는 표정으로 나를 바라보셨다.

"그래? 바다의 마음이 어떤 거니?"

"분노지요!"

"분노?"

아빠는 놀라는 얼굴이었다.

"바다는 지금 분노하고 있어요. 분노의 마음이 부글부글 끓고 있지요. 바다를 죽이는 모든 사람들에게……. 사람들은 그 분노의 소리가 들리지 않나봐요. 내게는 들려요! 너무도 끔찍한 비명 소리로 신음소리로 달이에요. 언젠가 바다는 그 분노를 폭발하고 말지도 몰라요."

나는 어느새 숨이 가파라졌다. 이마에 땀도 맺혔다.

왜냐하면 나는 그 바다의 분노한 목소리가 들려오는 것 같기 때문이다.

돈으로 살 수 없는 것들

"안녕하세요."

"그래, 바다는 공부 잘하지, 우리 우람이는 공부에 통 관심이 없어서 정말 걱정이다."

우람이 엄마는 우람이와 함께 우리 집에 놀러 오셨다.

"엄마는 또 공부타령이야."

"학생한테 공부타령하지 않으면 누구한테 하니? 할머니한테 하니?"

우람이도 씩씩하지만 우람이 엄마는 더 씩씩한 성격이었다.

"어서 앉아요. 뭐 드릴까요. 차 줄까?"

"아니에요. 더운데 시원한 냉수 한 잔 주세요. 나 수산시장에 갔다 오는 길이에요. 동네 생선들은 시들시들 하잖아요…… 내일은 우리 아버님 생신이거든요. 역시 생선은 수산시장에 가야 돼요. 어찌나 생선이 싱싱한지 몰라요. 값도 싸고 좋아요. 아버님 생신이라 좋은 것 중에 좋은 거 고르다 보니 시간이 많이 흐르더라구요."

"어쩐지 시장에 갔다오는 것 치고는 많이 봐 오셨다 했어요."

그러자, 엄마는 생수통에 가서 시원한 물 한잔을 떠 오셨다.

나와 우람이는 엄마 옆에서 우람이 엄마가 사 온 과자를 먹고 있었다.

"바다 엄마, 물 맛이 좋네. 어느 곳에서 떠온 물이에요. 우리는 포천에서 직접 떠 오잖아요. 설악산 물이다, 북한산 물이다. 회사에서 만든 게 믿을 수가 있나요?"

"글쎄요. 저희는 그냥 맑은 물 생수회사에서 배달해 오는 거 먹어요. 그런데 어떻게 포천까지 직접 물을 떠다 드세요? 힘드실텐데······"

그러자 우람이 엄마는 물 한 컵을 꿀컥 드신 후에 시원스럽게 말씀하셨다.

"물론 내가 직접 가지는 않아요. 우리 천주교 신자 중에 포천에서 생수를 떠와 직접 배달하는 분이 있거든요. 그러니 믿지요. 바다 엄마도 바꿔보지 그래요? 회사에서 나오는 물이 어떤 물인지 믿을 수 있어요?"

그러자 우람이가 고개를 갸우뚱 거렸다.

“엄마, 라디오나 텔레비전을 보니까 수돗물이 가장 안심하고 마실 수 있는 물이라던데…… 우리 선생님도 그러시고……”

“뭐? 수돗물이 가장 안전한 물이라고? 웃기는 소리 말아.”

“그럼 우리 선생님이 잘못 말한 거야?”

우람이는 심퉁나게 되물었다.

“허허허다.”

우람이 엄마는 바퀴에서 공기 빠지는 소리를 내었다.

“요즘에 누가 수돗물을 식수로 먹니? 어느 곳에서 조사를 했는데 우리나라 국민 80%가 수돗물을 믿지 못해서 수돗물을 곧장 식수로 이용하지 않는다고 하더라…… 라디오나 텔레비전에서 떠드는 소리는 정부를 무조건 믿으라고 하는 말이야. 그런데 믿을 수가 있니. 수도꼭지 틀면 소독약 냄새가 물씬물씬 풍기는 뿌연 물인데…….”

“아이, 헷갈려. 누구 말을 믿어야 돼?”

우람이는 삐죽 입을 내밀었다.

“믿긴 누굴 믿어. 엄마말만 꽉 믿으면 되느니라!”

우람이 엄마가 눈을 지긋이 감고 도사처럼 말하자, 나와 우리 엄마는 웃음을 터뜨렸다.

그때, 우리 엄마는 우람이 엄마에게 물었다.

“우람이 엄마, 나한테 뭐 보여 줄 거 있다고 하지 않았어요?”

“맞다, 맞다 내 정신 좀 봐. 바다 엄마, 바다 아빠 회사가 시청 옆이랬지요.”

“그래요.”

“아이고, 세상에 도심 한 가운데 회사가 있네. 공기가 아주 탁한 곳 말이에요.”

“그렇지요. 뭐. 서울에 사는 사람치고 공기 깨끗한 곳에 직

장 다니는 사람이 그리 뭐 많은가요?"

"그래 맞아요."

"그런데 왜 갑자기 그건 물어요?"

엄마는 되물었다.

"다른 게 아니라 내 친구 중에 남편이 사업을 하는데 산소를 파는 사업을 시작했거든요."

그러자, 엄마, 나, 우람이도 귀가 번쩍 띠었다.

"산소를 팔다니요?"

엄마가 놀라서 물었다.

"뭐, 그리 놀랄 거 없어요. 물도 사 마시잖아요. 옛날에는 물을 사서 먹는다는 게 상상이나 할 일이었어요. 깨끗한 물을 사 먹듯이 깨끗한 산소를 사 마시는 거예요."

우람이 엄마는 재미있다는 듯이 웃었다.

나는 이상해서 아주머니에게 물었다.

"아줌마, 물은 눈에 보이는 거지만 산소는 눈에 보이지 않는 거잖아요. 눈에 보이지 않는 산소를 어떻게 마셔요?"

"호호호, 역시 바다는 머리가 똑똑해. 그런 질문을 하고 말이야."

"머리에 칙칙칙 뿌리는 스프레이를 생각해 봐. 스프레이는

프레온 가스로 만들었잖아. 그 가스가 눈에 보이지는 않아도 머리를 세우잖니? 산소도 그런 스프레이통에 넣어서 입으로 빨아 들이는 원리란다."

그제야 이해가 되기는 했지만 그래도 산소를 사 마시다니?

우람이 엄마는 우리 엄마와, 나, 우람이를 이해시키기 위해서 더 긴 설명을 하셨다.

"산소를 마신다는 게 우리 귀에는 좀 생소하지만 일본에서는 아주 잘 팔린대요, 그럴 수밖에 없는 게 도시의 공기가 워

낙 나쁘니까요. 도시 사람들이 맑은 공기를 언제 마실 수 있겠어요. 가끔 산에나 가면 또 모를까. 친구 남편이 파는 건 설악산 공기래요."

"네에? 어머, 어머머."

"헤헤헤."

"히히히, 설악산 공기?"

엄마는 어처구니 없어 하고 나와 우람이는 처음 듣는 이야기라 웃음이 나오지 않을 수가 없었다. 설악산 공기를 사서 마신다니?

"웃을 문제가 아니라구요. 설악산지역 산소 함유량이 25%인데 반해 서울 공기의 산소 함유량은 17 %에 불과해요. 일본에는 산소 다방이라는 곳에서 산소를 차처럼 팔기까지 한 대요. 교통 경찰마다 산소통을 옆구리에 차고 다니며 마신다는 거예요. 우리나라 서울시 공기가 얼마나 나빠요. 그래서 특히 지하상가에서 일하는 사람들, 매일 도시를 왔다갔다 하는 운전자들, 공장 근로자들은 더욱이 나쁜 공기만 마시니까 몸이 더 안좋은 거라구요. 지금 강남에 큰 부자들은 벌써부터 깨끗한 산소를 사 먹는대잖아요."

우람이 엄마는 일장 연설을 끝내고 이마에 맺힌 땀을 닦았

다.

엄마는 너무 열심히 이야기하는 우람이 엄마를 보고 은근히 말했다.

"산소 파는 영업 사원이라도 하실 생각이에요?"

"어머, 어떻게 아셨어요? 호호. 집에 있으면 뭐해요. 한 살이라도 더 젊었을 때 일하는 기쁨을 맛보는 것도 괜찮잖아요. 그리고 얼마나 좋은 제품이에요. 값도 그리 비싼것도 아니에요. 5백미리짜리 휴대용은 3천원. 2백 50미리짜리는 2천원이에요. 물론 이틀 밖에는 사용하지 못하지만…… 어때 한 번 사보세요?"

우람이 엄마는 적극적으로 말했다.

"글쎄요. 한 번 바다 아빠한테 물어나 보고 결정할게요. 어차피 남편이 마셔야 한다고 해야 살 수 있을 것 같아요."

엄마는 조용히 웃으며 말했다.

"그렇게 해요. 너무 늦었네. 가서 생선이나 다듬어야지."

우람이 엄마는 벌떡 일어섰다.

"우람아, 너는 뭐해. 어서 가서 엄마 심부름 해야지!"

우람이 엄마는 우람이를 일으켜 세우고 집으로 가셨다.

엄마는 나를 향해 혼잣말로 중얼거렸다.

"산소까지 사 먹는 시대가 됐으니 앞으로는 뭘 더 살까?"

"음…… 공부해라, 숙제해라, 문제 풀어라 잔소리 하지 않는 엄마?"

"뭐, 이녀석이!"

"아, 아니야. 실수! 어떻게 우리 엄마를 돈으로 살 수 있겠어요. 절대로 돈으로 살 수 없는 거잖아. 헤헤."

그 다음날이었다.

나는 엄마와 슈퍼마켓에 갔는데 우람이 엄마를 만났다. 우람이 엄마는 허둥지둥 생선을 고르고 있었다.

"어머, 우람이 엄마. 어제 수산물 시장에서 생선 사지 않았어요?"

그러자, 우람이 엄마는 기가 막힌 표정을 지었다.

"아이고, 말도 말아요. 세상에 이런 일이 생길 줄 누가 알았겠어요. 살다 살다 별일이 다 많지만…… 흥부가 기가막힌 게 아니라 내가 기가막히다니까요."

"무슨 일이에요?"

"글쎄 어젯밤에 산 생선 말이에요…… 그게 어제 밤에 생선을 다듬고 있는데 아버님이 생선 잘 골랐느냐고 하시길래 아버님께 보여 드렸지요. 그런데 생선을 꼼꼼히 보시더니 버럭 화를 내시는 거예요."

"아, 아니 왜요?"

엄마도 놀라서 되물었다.

"나도 이 생선 저 생선 사느라 잘 몰랐는데…… 생선 몇 마리의 꼬리가 완전히 굽고, 눈이 아예 없더라구요. 생선 파는 아줌마가 슬쩍 집어 넣었는지 어쨌는지……"

"어머머머…… 생선이 왜 그래요?"

"몰라요. 기형이 된 물고기더라구요. 그런게 우리 집 밥상 위에 올라올 줄이야……."

우람이 어머니는 혀를 찼다.

"우람이 아빠도 그 생선을 보고는 난리가 아니었어요. 당장 쫓아가고 싶었지만 시간이 있어야지요. 일단 아버님 생신을 차린 후에 가보려구요. 너무 찝찝해서 싱싱했던 생선들도 다 기형화된 고기처럼 보이더라구요. 그래서 새로 다시 사는 거에요. 어디 이래서야 뭘 마음 놓고 먹을 수가 있겠어요. 더러운 물, 더러운 공기, 더러운 생선, 야채나 과일이라고 마음 놓고 먹을 수 있겠느냐구요. 어휴 어찌나 화가 나는지 생선 장수는 둘째치고라도 당장 국회라도 쫓아가고 싶더라니까요. 대체 국회의원들은 국민이 내는 세금으로 월급 받으면서 이런 흉측한 먹지 못할 생선을 국민한테 팔 수 있게 하냐구요. 강물이 더러우니까 물고기가 이 모양이 됐지요. 물고기가 이런 꼴 되고 싶었겠어요. 정말 남의 문제가 아니라니까."

우람이 엄마의 마지막 말에 우스웠지만 꾹 참았다. 우람이 엄마는 짜증스럽게 화난 표정으로 생선을 다시 골랐다.

그날 저녁, 엄마는 아빠에게 우람이 엄마의 '생선 사건'을 말씀해 드렸다.

아빠도 어이가 없어 하셨다.

"참, 우리 환경부 기자 말이 맞네."

"뭐가요?"

"안산에 시화호라는 인공호수를 만들었어. 그런데 만든지 2년도 채 안돼 호수가 썩어가고 있다는 거야. 한국 해양 연구소에서 조사를 했는데 바닥층의 용존 산소량은 어떤 생물체도 살기 어려운 수준인 0.3ppm에 불과하대. 그런데 여기서 잡은 기형화된 물고기를 인근 어민들이 잡아서 수산물 시장에 판다는 거야. 시화호 주변 인근 공장에서 나오는 폐수 배출량은 29만여톤인데 반해 이 폐수를 처리하는 하수 처리장의 처리 용량은 12만여톤밖에 안 된다는거야. 그러니 강이 썩고 물고기가 기형이 될 수밖에…… 물고기가 살아 있다는 게 신기한 일이지……"

"정말, 우람이 엄마 말대로 안심하고 먹을 게 없으니……."

엄마도 혀를 찼다.

아빠는 나에게 말씀하셨다.

"바다야, 다음 주 연휴에 남해 바다로 낚시하러 가자."

"좋지요!"

아빠는 나를 데리고 바다 낚시를 잘 가셨다.

"또 낚시에요?"

엄마는 투덜거렸다.

"당신도 따라오지 그래?"

"싫어요. 바다 귀신이라도 붙은 거에요. 어째 걸핏 바다타령이에요? 아무리 여름이라지만 밤 바다는 차갑다구요. 바위가에 하루 종일 앉아서 낚싯줄을 내려놓고 12시간씩 앉아 있

는 당신 모습 연애할 때 실컷 본 것도 지긋지긋 해요. 바다가 그렇게 좋아요?"

"좋지!"

"뭐가요? 인어 공주가 매일 밤 바다 위에 나타나서 로렐라이 노래라도 불러요?"

"인어 공주 뿐인가…… 당신은 그 기분 몰라……. 산이

있으니까 산에 간다고······ 나는 바다가 있으니까 바다로 가는 거야. 알겠어?"

"몰라요. 그 바다랑 평생 살아욧."

엄마는 입을 삐죽였다.

"바다야, 넌 아빠랑 살아야겠다. 엄마는 너 싫단다. 바다야."

"이이는······."

엄마는 아빠의 겨드랑이를 살짝 꼬집었다.

"으헤헤 아빠말대로 엄마가 참 귀엽네······."

"뭐어?"

그 다음 주 토요일.

아빠와 나는 남해 바다로 갔다. 남해바다는 서울에서 너무 먼 곳이었다.

아빠와 나는 기차를 타고 여수까지 갔다.

"바다야, 아빠는 너에게 여행다니는 습관을 길러주기 위해 데리고 다니는 거야. 여행을 하면 세상은 참으로 넓다는 것을 깨닫게 되고 너희 마음이 점점 커지는 걸 느끼게 될 거야. 마음이 커지면 사람들의 마음을 품을 수 있는 넓은 그릇이 되는 거니까, 그리고 자연의 위대함을 배우게 될 때 겸손함을 배우게 된단다."

아빠는 나를 보며 말씀하셨다.

"헤헤 나는 아빠가 좋아, 다른 친구들은 아빠가 잘 데리고 다니시지 않는다고 해요. 그래서 친구들은 나를 부러워 해요. 나도 이 다음에 아빠가 된다면 내 아들에게 아빠가 해 준 이야기 그대로 해 줄게."

"딸이면 안해 주고?"

"딸? 아들이면 내 얼굴하고 족같다고 생각하면 상상이 되는데…… 딸은…… 잘 상상이 안되는걸?"

"뭐? 허허허. 네 말도 맞는 말이다. 하지만 넌 꼭 딸 낳아라. 하도 아들을 낳으려고 하니까 딸은 모자라서 남자들은 결혼하기 힘들다고 하잖니? 사실 나도 딸이 하나 있었으면 좋겠는데 …… 엄마는 더 이상 낳지 않겠다고 하니…… 고민이다."

"으헤헤, 그게 뭐 고민이야?"

"아빠는 딸이 갖고 싶은 희망 사항인데?"

"고민하지 말고, 고아원이나 보육원이 있는 부모님이 안 계신 예쁜 여자 아이를 집으로 데리고 오면 되잖아. 작년 연말에

텔레비전 보니까 부모님이 안계신 아이들이 많더라구. 그 아이들도 좋고, 아빠도 좋고!"

"와, 우리 바다 대단하다. 정말 아빠보다 마음이 훨씬 큰데…… 자랑스럽다."

내가 한 말은 진심이었다.

세상에는 너무 불쌍한 아이들이 많다. 오염 때문에 죽어가는 하늘과 땅도, 그리고 내 이름과 똑같은 바다도 불쌍하고 바다 속에 사는 물고기들도 불쌍하지만 나 같은 어린 아이들이 부모님 사랑 안에서 살지 못하고 자기네들끼리 사는 게 불쌍하다.

하느님이 주신 생명은 모두 똑같이 귀중하다고 들었다.

그 아이들도 나하고 똑같이 귀하고 소중한 사람들이다. 그들이 외롭고 힘들게 사는 걸 왜 남의 일이라고만 하는 걸까. 특히 욕심 많은 어른들은 더 그렇게 생각하는 것 같다. 또 그런 어른들은 자연을 마구잡이로 해친다. 자기의 이익 밖에 모르니까.

여수항.

"와, 바다 냄새 좋다."

아빠는 늘 바다에 오면 두 손을 활짝 펴고 크게 외친다. 나도 아빠를 따라서,

"바다 냄새 조오타!"

"요녀석이."

아빠는 내 볼을 쓰다듬어 주셨다.

"자, 이제 민박을 구해 보자. 바다가 잘 보이고 민박집이 몰리지 않는 곳으로 알아 보자꾸나."

"네."

아빠와 나는 한참 헤매였다. 그러나 아빠가 찾는 곳이 나타나지 않았다. 아빠와 나는 바닷가를 천천히 걸었다. 그런데 바닷가에서 한 여자 아이가 바위에 앉아 바다를 멀뚱히 쳐다보고 있자, 아빠는 그곳으로 갔다.

"얘야, 너는 이 동네 사니?"

"그랍디요."

여자 아이는 아빠와 나를 힐끔 보고 위 아래를 쳐다보며 퉁명스럽게 말했다.

"야, 처음 보는 어른한테 왜 반말이야?"

"사내짜슥이 뭐라 씨부렁 대지잉?"

"뭐, 씨부렁? 내가 강아지야."

"바다야, 사투리야. 여자 아이가 반말한 게 아니란다. 이곳에 조용한 민박집 없니?"

"왜요?"

"우리는 서울에서 낚시하러 왔는데 민박집을 찾고 있거든."

"따라 오시시오."

여자 아이는 벌떡 일어서더니 가타부타 말도 없이 앞으로 갔다. 아빠는 여자 아이의 당돌함에 빙그레 웃었다.

'세상에 얼굴이고, 다리고, 팔이고 저렇게 피부가 새까맣게 탄 여자 아이는 처음 보네. 저거 시꺼먼 왕때 아니야? 혹시?'

땡순이네 집

그 다음날.

"야, 땡순아. 수도가 어디 있니? 우리 아빠가 물 떠오래."

"땡순이?"

우리는 여자 아이의 집에서 민박을 하기로 했다. 원래 민박을 받는 집은 아닌데 아빠가 고기잡이 선장이라고 했다. 아빠와 단 둘이 사는데 아빠는 배를 타러 나가고 들어오지 않는다고 했다.

나는 그 여자 아이가 땡볕에 까맣게 피부가 그을려서 땡순이라고 불렀다.

그러자 그 여자 아이는 땡순이라는 이름이 마음에 들지 않는 모양이었다.

"땡순이가 뭐당께?"

"너 말이야."

나는 일부러 장난기가 발동했다.

" 나?"

"응, 니가 이름 가르쳐 주지 않으니까 내가 별명을 붙인거야."

"내가 강아지야! 내 이름은 해순이야."

"헤헤, 뭐, 땡순이나 해순이나 비슷하네. 같은 순자로 끝나는데 뭐."

"뭐라고, 이 조막막한 사내가!"

땡순이는 빗자루를 들었다. 땡순이는 피부는 까맣지만 눈동자는 아주 맑고 컸다. 그 눈으로 노려보니까 오히려 더 예쁜 것 같았다.

'아, 예쁘다. 예쁜 옷이나, 리본, 좋은 신발을 신지 않아도….'

나는 서울 우리 반 여자 아이들을 떠올려 보았다. 우리 반 여자 아이들도 예쁜 아이들이 많았지만 이상하게도 옷도 허름하고 신발도 낡아 빠진 것을 신은 땡순이가 더 예뻐 보이는 것이다. 그런 생각을 하고 있는데, 빗자루를 들고 있던 땡순이가 내 어깨를 딱 후려치는 것이다.

"앗!"

많이 아파서 소리를 지른 것이 아니라 놀라서 소리를 질렀다.

"서울에서 내려 왔다고 날 우습게 보지말랑게. 눈이 뒷통수에 달렸는감. 수돗가가 바로 저 앞이잖아."

땡순이는 손가락으로 수돗가를 가르켰다. 그리고는 홱 하

고 밖으로 나가버리고 말았다. 땡순이는 서울에서 온 나를 좋아하지 않는 모양이었다. 처음 볼 적부터 한 번 빙그르르 웃어 주기는커녕 가시 돋힌 눈으로 나를 바라보기 일쑤였다.

나는 수돗가에서 물을 떠서 아버지한테 갖다 드렸다.

아빠는 코펠에다 밥을 짓고 국을 끓였다.

"아빠, 땡순이가 나를 싫어하나 봐."

"땡순이가 누군데?"

"이집 딸."

"그 여자 아이의 이름은 해순이라고 하던데……."

"아빠한테는 이름 가르쳐 주었어?"

"내가 물어보니까 대답하더라. 너보다 한 살 어리던데…… 초등학교 3학년이고……"

"저, 정말이에요. 아빠! 칫, 하도 나한테 땍땍 거리니까 나보다 학년이 높은 줄 알았더니 오빠라고 부르지 못할망정 꼬박꼬박 말대꾸에 빗자루까지 휘둘러!"

나는 씩씩대었다.

"빗, 빗자루까지 휘둘러 대다니?"

"말도 말아요. 내가 땡순이라고 별명을 붙여 주었더니 내가 강아지냐고 하면서 싸움개처럼 달려 들 듯이 빗자루를 들더라구요…….”

“기분 나쁠 만도 하네.”

아빠는 싱긋 웃으면서 말했다.

“아빠는 당한 건 난데…… 그것도 꼬마한테……”

“이 녀석아, 이 집에서 뛰어 다니는 누렁 강아지 봤어?”

아빠는 왜 갑자기 강아지 이야기를 하시는지 모르겠다. 나는 정말 나보다 무려 한 살이나 적은 그 꼬마 계집애한테 당한 게 억울한데 말이다.

“이 녀석아, 그 강아지 이름이 땡순이랜다.”

"네에?"

어구, 맙소사! 어쩐지! 하필이면 나는 별명을 지어도 그렇게 지었을까?

아빠와 나는 맛있게 밥을 지어 먹었다. 아빠와 나는 바다낚시 도구를 챙겨 바다 낚시 장소로 나갔다.

나른한 바다 해풍이 불어오고 있었다. 바다 위에 갈매기들이 끼룩끼룩 날아가고 선착장에 작은 큰 배들이 묶여 있었다. 한가로운 바다 풍경이었다.

바다 갈매기들을 보니 꿈에서 본 바다 갈매기가 떠올랐다. 꿈에서 본 갈매기는 환상적인 느낌이었다면 이곳에서 보는 바다 갈매기는 정겨움과 따뜻함을 느끼게 해주었다.

아버지가 왜 그 아름다운 바닷속에서 고향의 냄새를 찾지 못했는가 조금은 이해하게 되었다. 아버지는 드넓은 바다를 바라보았다.

"바다야, 바다는 인간에게서 떼어 놓을 수 없는 것이다. 바다는 생물이 처음 태어난 곳이기도 하며, 지금도 생태계를 지탱하는 어머니와 같은 역할을 하고 있다. 지구표면의 71%를 차지한다. 또한 바다는 수증기를 발산해 인간과 토지에 영향을 미치는 비와 바람, 기압, 습도를 조절한다. 특히 3면이 바

다로 둘러싸여 있는 우리나라는 육지의 3배에 달하는 대륙붕은 아주 귀중한 자원이란다. 바다 생물의 90%가 대륙붕에 살고 있기 때문이란다. 바다는 우리가 먹는 어패류, 수산자원, 에너지까지 준단다. 어쩌면 바다야말로 인간의 마지막 희망일지도 모른다."

"아빠, 내 꿈을 바꿨어요."

"그래, 잠깐, 우리 바다 꿈이 뭐라고 했지, 학년이 올라갈 때마다, 그리고 생일 때마다 달라진 것 같아서 말이야."

으, 창피해. 그렇지만 내 꿈이 변덕스

러운 건 어른들 탓인지 모른다. 유치원때 내 꿈은 택시 운전사였다. 택시 운전사 아저씨들이 입은 옷이 내게는 참 멋있게 보였다.

그리고 택시를 타고 이곳 저곳 신나게 달리는 게 좋았다. 내가 택시 운전사가 되겠다고 하자 우리 엄마는 나한테 맛있는 과자를 주며 다른 꿈을 꾸라고 살살 달래었다.

그 다음에 내 꿈은 소방관이었다. 내가 소방관의 모습을 처음 본 건 우리 동네 세탁소에서 불이 났을 때였다. 온통 빨간 차들이 줄이어 달려왔다. 번쩍번쩍 빛나는 금색 옷을 입고 노란 모자를 눌러쓰고 아주 두껍고 굵은 장갑, 무릎까지 올라오는 장화…… 저벅저벅 걷는 소방관 아저씨들! 마치 우주에서 온 외계인들 모습하고 똑같았다.

그러나 그 꿈도 오래가지 못했다. 화재를 당한 세탁소 아저씨가 다리에 화상을 입고 발목에서 허벅지까지 붕대를 감은 모습을 본 후였다.

그러고 보면 나는 제복을 잘 입는 직업을 좋아했던 것 같다. 그러나 지금은 아니다.

"아니에요. 아빠 이번에는 정말이에요."

"그래 알았다. 커서 어른이 되면 뭐가 되고 싶니?"

"나는 바다를 지키는 해양 과학자가 되고 싶어요."

"정말이니?"

아빠는 기뻐하는 눈치였다.

그도 그럴것이 바다를 워낙 좋아하는 아빠가 내 이름을 바다라고 붙여 놓았을 정도인데, 그 아들이 바다를 지키겠다고 하니 좋아할 건 당연한 일이었다.

그러나 나는 아빠를 위해서 해양 과학자가 되겠다는 것은 결코 아니다.

괌에서 본 그 아름다운 바다 그 평화롭게 헤엄치는 수십 마리 귀여운 물고기떼들을 어른들이 저지르는 더러운 오염으로부터 꼭 지켜주고 싶었다.

“좋아, 아빠가 팍팍 밀어 주마.”

“네.”

“우리 바다 화이팅!”

“화이팅!”

나와 아빠는 서로 손을 꼭 잡고 힘껏 소리쳤다.

그런데 땡순이가 바닷가에서 뭘 줍고 있었다. 바닷가에 앉아 있는 땡순이의 모습이 자꾸 눈에 아른 거렸다. 땡순이는 무엇을 줍고 있을까?

한참 망설이다가 나는 아빠한테 말했다.

“아빠, 나 땡순이한테 따지러 가야겠어.”

나는 일부러 목에 힘을 주었다.

“뭘, 따지러 가니?”

“나보다 한 살이나 어린데 꼬박꼬박 반말하잖아!”

“허허허.”

아빠는 내 속을 들여다 보았는지,

"알았다. 가 봐라. 바다 낚시 장소가 어디 있는 줄 알지?"

"네."

아빠는 먼저 가시고 나는 땡순이가 있는 갯벌로 갔다.

"땡순아"

땡순이는 내 목소리가 들리지 않는 듯 뒤돌아보지도 않았다.

나는 아빠말을 들어서 땡순이가 강아지 이름인 줄 알고 있었지만 모르는 척 하고 땡순이의 등 뒤에서 불렀다.

"야, 땡순아!"

그러나 땡순이가 확 뒤돌아 보았다. 그리고 조금 노려보더니 다시 끈끈한 바다 뻘 속에서 조개를 주어 바구니 속에 넣었다.

"……."

땡순이는 아예 대답도 하지 않았다.

"땡순아, 나도 조개를 주워 줄 게."

아빠와 여러 번 바다에 왔을 때 뻘에서 조개를 주었던 경험이 있었다. 나는 의기양양하게 말하고 손을 뻘 속에 넣어 조개를 주었다.

"땡순아, 너 초등학교 3학년이라며."

나는 통한 표정을 짓는 땡순이가 더 예뻐 보였다. 사실 이런 이야기 하는 건 좀 쑥스러운 이야기지만 나는 우리 반에서 가장 인기 많고 잘 생긴 남자 아이로 뽑혔다.

여자 아이들이 나를 좋아한다는 쪽지 편지를 몇 번 받아 보기도 했다.

그 뿐만이 아니었다. 적극적인 여자 아이들은 아예 선물 공세까지 했다.

물론 선물을 받아서 기분이 나쁘지 않은 건 아니지만 부담스럽다. 받지 않으면 울상을 지으려고 하고, 받으면 내가 자기를 좋아한다는 환상속에 푹 파묻혀 나를 볼 때마다 슬슬 웃거나, 내가 다른 여자 아이를 만날 때면 심술궂은 놀부 마누라 표정을 짓기 때문이다.

그렇게 많은 여자 아이들이 나를 좋아하는데 시꺼먼 아프리카 소녀 같은 땡순이는 나를 거들떠 보지도 않다니! 자존심이 팍팍 구겨지네.

"야, 땡순아! 입이 붙어 버렸어? 어째, 말 한미디도 없는 거야."

"다시 땡순이라고 부르면 너 박살 날기다잉!"

"헤헤, 어떻게 박살이 나는데··· 한번 해 봐."

나는 땡순이가 말 한마디 한마디 할 때마다 참 귀여웠다.

'이런 여동생 하나 있었으면 얼마나 좋을까?'

문득 그런 생각을 하고 있는데,

"으악!"

머리 위에 뭔가 우두둑 떨어졌다. 머리카락에서 이마, 볼, 목덜미까지 진흙과 조개더미가 주루루 흘러 내렸다. 머리에는 아예 바구니가 덮어져 있었다.

그런데 그 모습이 우스웠는지 땡순이는 참지 못하고 깔깔대고 웃는 것이었다.

땡순이가 처음 웃는 소리는 내 귀를 파고들어 마음속까지 맑고 신선해졌다.

나는 화가 나기는커녕 오히려 기분이 좋아졌다.

땡순이가 웃는 것이다.

그런데 이게 웬일인가?

"낄낄낄, 으흐흐흐."

내가 웃음 소릴 내자, 땡순이는 웃음을 딱 그쳐버렸다.

"별 싱거운 놈 봤지라."

하면서, 벌떡 일어서서 가는 것이다.

"야, 잠깐! 난 너보다 한 살이나 많다구!"

땡순이의 걸음은 빨랐다. 그런데 나는 갯벌에서 잘 걸을 수가 없었다.

"야, 땡, 땡순아."

이름을 불렀는데, 갑자기 무언가 내 발목을 꽉 물었다. 순간 너무 무서웠다.

"악! 엄마!"

그 비명 소리를 듣자 땡순이는 고개를 돌렸다. 그 순간 나는 일부러 폭 고꾸라졌다.

'이때가 기회다!'

"악! 엄마. 나 살려! 아빠!"

땡순이는 놀란 눈으로 다시 나에게 뛰어왔다. 그리고 내가 붙잡고 있던 발목을 잡아 당겼다. 커다란 게가 발목을 물고 도망치고 있었다.

"울지말랑게. 게다. 사내 짜슥이."

"칫, 내가 언제 울었어. 조금 놀랬을 뿐이지. 헤헤."

울다가 웃는 내 모습이 귀여워 보였는지 땡순이는 빙그레 웃었다. 나는 내친김에 물어보았다.

"너는 왜 나 싫어해?"

"낸, 도시 사람 싫당게."

그건 참 뜻밖의 말이었다. 땡순이는 내가 자기네 집 강아지 이름을 불러서 화가 난 줄로만 알았던 것이다.

"왜."

"도시 사람들이 이곳에 몰려들어서 돈을 번 사람들도 많지만…… 난 싫어."

"왜? 돈을 많이 벌면 좋지."

"흥, 좋긴 뭐가 좋아, 이곳의 바다가 좋고 자연환경이 뛰어

나다고 해서 도시에서 수많은 사람들이 철마다 왔당게. 곳곳에 횟집, 호텔, 여관들이 들어섰당게. 어떤 장사꾼들은 아예 바닷가에 자판을 깔아놓고 장사를 했지라. 바닷가는 온통장사꾼들이 줄을 섰당게. 그때부터 점점 바다 색깔은 더러운 물로 변해갔당게. 수십 개의 횟집, 호텔, 여관에서 흘러나오는 오물들이 바다로 흘러 들어갔지."

"그것 때문에 너는 화가 났니. 도시 사람들한테."

땡순이는 화가 났는지 한마디 한마디 힘을 주어 말했다.

"그것 때문만이 아닝겨. 이곳을 발전시킨다고 공장이 들어섰지. 공장에서 흘러나오는 아주 시꺼먼 물을 너는 눈으로 보지 않으면 몰라. 어마어마한 통에 쏟아져 나오는 시꺼먼 물…… 그게 모두 저 바다, 바다로 흘러 들어갔당게. 모두 다 도시 사람들 때문잉겨. 우리 아부지가 그것 때문에 홧병이 났당게. 고기들이 잡히지 않는다고 말여. 고기씨 종자도 말라버릴 지경이라."

땡순이의 눈에는 분노가 서려 있었다. 어린 나이지만 나는 그 눈빛이 무엇을 말하는가 조금은 알 수 있었다. 나도 그런 분노를 느낀 적이 있었으니까.

"아버지는 언제 오시니?"

"아마, 내일쯤."

"그, 그런데 땡순아…… 나 목욕 좀 해야겠어. 진흙물이 등허리까지 내려가서 벌레처럼 꿈틀거리는 것만 같애…… 그리고 나는 나쁜 도시사람 아니니까 날 미워하지마. 내 이름은 바다야."

"바다? 흐헤헤, 미안하당게."

땡순이는 나를 다시 쳐다보더니 깔깔대고 웃었다. 땡순이의 웃음은 언제 다시 들어도 좋았다.

나와 땡순이는 집으로 갔다.

"빨랑 빨랑 옷 벗어부려. 등에다 물 부어 줄랑게."

땡순이는 바가지에다 물을 가득 퍼 들고 신나게 소리쳤다.

"눈 돌려."

"뭘 돌려. 우리 아부지한테도 매일 해 주는 일인데……"

"아이, 그래도 난 남자고, 넌 여자야."

"우리 아버지도 남자고, 나두 여자야."

땡순이는 박박 우겨댔다.

"난 네 아버지가 아니고, 넌 내 딸이 아니야!"

그렇게 말해도 땡순이가 바위처럼 움직일 생각을 하지 않자, 나는 어쩔 수 없이 윗도리를 벗었다. 그러자 땡순이가 머리부터 등에까지 물을 부었다.

"으악, 시원해!"

바닷가 땡볕에서 오랫동안 앉아 있어서인지 가뜩이나 몸이 화끈화끈 열에 달아 올라 있었다. 그런데 시원한 우물물이 뿌려지자 얼음덩어리 속에 들어간 느낌이었다.

"으악, 시원해……"

그런데 문제가 생겼다. 땡순이가 그 보드랍고 작은 손으로 등을 박박 문질러 대는 것이다. 나는 입이 딱 다물어졌다. 심장도 딱 멈춘 듯 했다. 온 몸이 간질간질 거렸다. 너무 간지러워서 참을 수가 없었다. 그런데도 그 느낌이 너무 좋았다. 솜사탕을 얼굴에 부비는 것 같기도 하고, 초코렛을 입 안에 살살 녹이다가 꿀꺽 삼키는 달콤함도 있었다. 엄마가 목욕탕에서 때 수건을 들고 박박 문지를 때는 아프기만 하고 빨랑 목욕탕 밖으로 뛰쳐 나가고 싶었는데 지금 이 순간은 영원히 계속 반

복되었으면 싶었다.

"야, 빨랑 바지도 벗어."

나는 땡순이가 무슨 말을 하는지 귀에 정확하게 들려오지 않았다.

"빨랑 바지 벗으랑게!"

"뭘 벗어?"

"바지."

"진심이야?"

"진심이고 뭐고, 바지도 다 젖었당게. 씻고 새옷으로 갈아입으랑게."

"나 바지는 안 갖고 왔어. 한 벌 밖에 안가지고 왔다구."

"그럼, 우리 아부지 바지 빌려 줄게. 어서 벗으랑게!"

여자 앞에서 바지를 벗었던 적은 엄마빼고 땡순이가 처음이었다!

무서운 사건

그날 밤이었다.

"아빠, 우리 좀더 여기 있다 가면 안돼요?"

"왜? 땡순이 때문에?"

"아, 아니에요."

나는 내 마음을 들킨 것 같아 강력히 아니라고 부인했다.

"허허 너에게 미안하지만 내일 오후에는 가야지."

아빠 말이 맞다. 아빠는 직장에 가야하고 나도 이제 밀려두었던 여름 방학 숙제도 해야 한다. 더 늦으면 엄마한테 아빠도 나도 혼쭐이 날 것이다.

그렇지만 정말 가고 싶지 않았다. 마음같아선 방학내내 이곳에서 땡순이하고 있고 싶었다.

"바다야, 땡순이 좋아하니?"

아빠는 슬쩍 물었다.

'글쎄, 이런 마음이 좋아하는 걸까? 땡순이만 보면 입이 해죽해죽 벌어지는 거'

"헤헤…… 모르겠어요."

"핏줄은 못 속이겠다. 나도 어렸을 때 같이 고향 바다에서 헤엄치고 같이 조개 줍고 놀았던 여자 아이를 좋아했는데……"

아빠가 첫사랑 이야기를 하자 갑자기 기분이 좋아졌다.

"그래서 어떻게 됐는데요."

"허허…… 이런 이야기를 해야 될지 모르겠네……"

아빠는 갑자기 어린 소년처럼 부끄럼을 탔다. 그러자 나는 호기심이 더욱 바짝 났다.

"네 나이쯤 됐을 거야. 바닷가에서 같이 조개를 줍고 있었는데 그 여자 아이의 볼이 햇빛에 반사돼서 아주 하얗게 반짝거리는 거야. 나는 너무 뽀……뽀를 하고 싶었단다."

"으헤헤…… 아빠가 뽀뽀를 하고 싶었어요?"

"이 녀석아, 그때는 수염이 난 늙은 남자가 아니라 너처럼 잘생긴 소년이었대두."

"참, 그렇지 상상이 안되네…… 그래서요?"

"그래서 용기를 내어 뽀뽀를 하려고 볼에 가까이 얼굴을 갖다댔지. 그런데 그 여자 아이는 '음매, 이 굴 참 크기도 하네. 그렇지?' 하며 커다란 굴껍데기를 눈 앞에 쳐드는 거야. 기회가 쉽게 오질 않더라구…… 그러니까 더 약이 오르는 거야…… 그래서 이번에는 넘어지는 척 하면서 그 여자 아이 옆으로 확 넘어지면서 뽀뽀를 하려고 했지…… 그런데 그 여자 아이는 어느새 방향을 비틀어버린 거야. 그래서 뻘에 얼굴을 처박았지 뭐야."

"으헤헤헤헤."

"참, 허허허허."

나는 너무 웃겨서 데굴데굴 굴렀다. 낮에 뻘에서 넘어졌던 일이 떠올라 더 우스웠다.

"이 녀석아, 너무 비웃지 마라. 그래도 아빠는 했단다."

"정말요. 뽀뽀 했단 말이에요?"

"그럼 아빠가 누구냐? 허허허…… 그날은 포기했단다. 그 다음날 나는 마음을 단단히 먹고 그 여자 아이를 바닷가로 불러냈지…… 그리고 볼따귀를 보며 말했어. '야, 너 하룻밤 사이에 점이 아주 커졌어' 그 아이는 볼에 아주 작은 점이 이었거든. 순진한 그 여자 아이는 정말인줄 알고 깜짝 놀랐어. 나는 '잠깐만, 이게 점이야. 아니면 진흙이야?' 하면서 바짝 다가간거야. 그 다음에는 그 볼에 쪽 뽀뽀를 해버리고 말았단다."

"와, 우리 아빠 파이팅."

나는 손뼉을 쳤다.

그럴때쯤이었다.

"해순아, 아빠다."

목소리가 걸걸하고 굵은 남자의 목소리였다.

"아빠, 땡순이 아빤가 봐."

"그래, 나가서 인사하자."

나와 아빠는 밖으로 나가 인사를 했다. 그러자 털이 덥수룩하게 자란 땡순이 아빠는 기분 좋게 인사를 받아 주었다.

"아이고, 서울에서 내려 오셨다구요. 우리 집은 민박집이 아니라 불편할턴디."

“아닙니다. 땡순이가 반찬도 맛있게 갖다 주어서 아주 잘 먹었습니다.”

“땡순이요? 우리 집 개똥인디?”

“아, 아니 죄송합니다. 해순이가 말입니다.”

아빠도 내가 땡순이, 땡순이 하니까 입에 붙어버렸다.

“고기잡이 배를 타신다구요. 고기를 많이 잡으신 모양이군요.”

“쪼게 잡혔어요. 그리고 굴 양식을 하는디 굴도 아주 크게 잘 자란걸 보니……”

땡순이 아빠는 기분이 좋은가 보다. 연신 싱글벙글 웃었다.

"아부지. 저녁 드시랑게요."

땡순이가 부엌에서 소리쳤다.

"오냐, 우리 딸네미 잘 있었지야…… 그럼 푹 쉬시시오잉."

그 다음날 아주 이른 아침이었다.

갑자기 대문 안으로 젊은 청년 한 사람이 뛰어들어왔다.

"서, 선장님!"

그 목소리는 매우 긴장되고 다급하게 부르는 소리였다. 아빠와 나도 깜짝 놀라 잠에서 깨고 말았다.

선장님도 깜짝 놀라 방문을 열고 청년을 바라보았다.

"크, 큰일 났당게요."

"뭔일 있가딘?"

"거대한 유조선(석유를 나르는 배)이 고장나서 어마어마한 기름이 우리 바닷가로 흘러 들어오고 있답디여!"

"뭐, 뭐라고 하는 소리당가?"

"나도 지금 해안 경찰서에서 들은 이야기라요. 씨, 씨프린스호가 뭐가 하는 유조선에서 배구멍이 터져서 바다에는 엄청

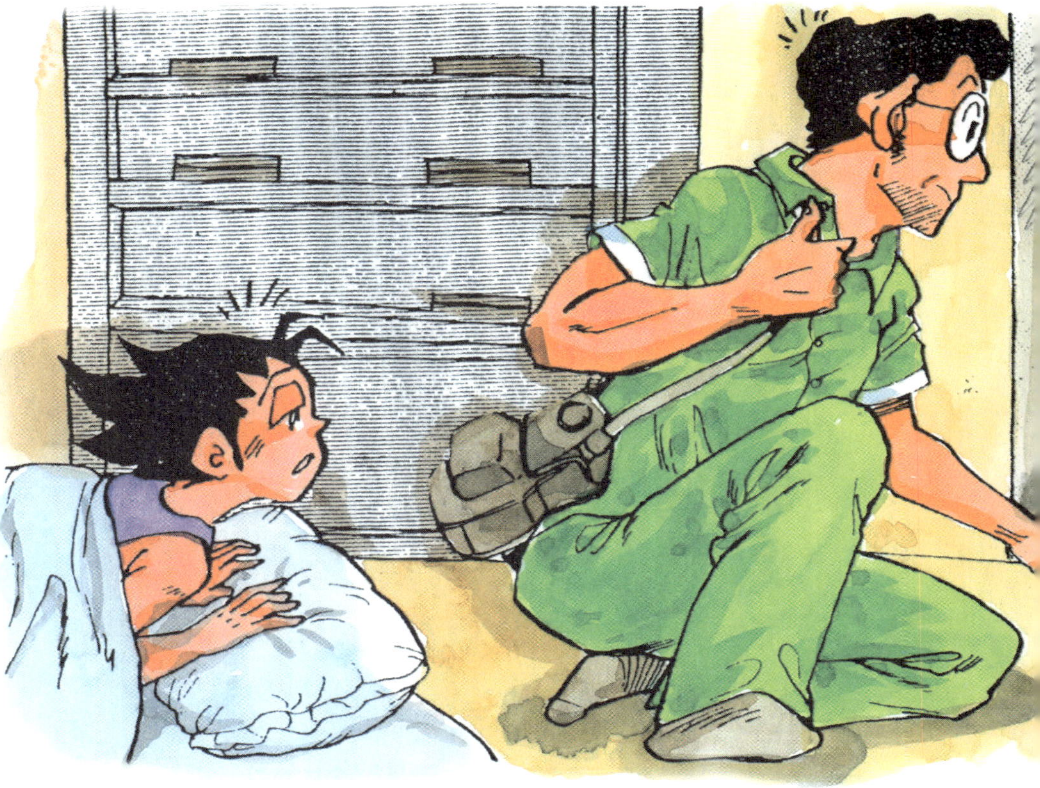

난 기름띠가 생겨 흘러 들어오고 있다고 합디다."

"뭐여! 이게 웬 날벼락인감. 어서 가보자고."

청년과 선장님이 쫓아나가자 아버지도 갑자기 옷을 차려 입고 카메라를 들고 밖으로 나갔다.

"아빠, 어디가요?"

"아주 중요한 사건이다. 씨프린스호는 아주 엄청나게 많은 석유를 나르는 유조선이거든. 그 유조선에서 사고가 났다면

그것 아주 큰 사건이야. 취재해야겠다."

"아빠, 나두요."

"넌, 집에 있어라."

"아니에요. 저도 가 볼게요."

"그래, 그럼 어서 옷 입어"

나와 아빠는 밖으로 나갔다. 땡순이도 아버지를 따라 나갔는지 보이지 않았다.

아빠는 일단 회사로 전화를 걸고 어민조합으로 갔다. 그곳은 어민들로 인해 붐볐다.

선장님과 땡순이도 그곳에 있었다.

텔레비전을 키자, 뉴스 속보가 나오고 있었다. 씨프린스호에서 수백 톤의 원유가 바다에 뿌려졌다는 것이다. 어민들은 한결같이 탄식을 했다.

오랜 세월동안 파도에 시달린 늙은 어부들의 모습, 갯벌에서 보았던 중년의 아주머니들과 할머니들, 청년들, 동네 꼬마 아이들까지 모두 나와 있었다.

그들의 생계 문제가 달려 있는 아주 무서운 사건임을 나는 짐작할 수 있었다.

"아이구, 우리 또 망했구나. 왜 이런 일이 번번히 생기는 거여."

어떤 아주머니가 탄식을 했다.

"이제 양식업은 쫄딱 망했어. 일 년 동안 그것 하느라 제대로 잠도 못 잤는데…… 시꺼먼 기름때에 온통 젓을 테니…… 망했어…… 원통해라."

꼬마 아이를 안은 허름한 옷차림을 한 아주머니는 아예 앉아서 통곡을 했다.

청년들은 주먹을 부르르 떨었다.

"이런 일이 터지면 죽는 건 우리 뿐이여!"

그러자, 선장님이 화급하게 외쳤다.

"자, 이러고 있을 때가 아니라 어서 배를 타고 나가봅시다. 조금이라도 기름을 걷어내야지."

"그럽시다. 우리 힘 닿는 데까지 기름을 걷어내야지."

그러자, 다른 한 청년이 한숨을 푹 쉬며 말했다.

“이런 일이 한 두 번도 아니고…… 대체 정부는 이런 일이 생길 때 세우는 대책은 없나, 일본은 전 해역을 10여개로 나누어서 서로 일이 터질 때마다 긴급하게 일을 처리한다고 하던데…… 5천 배럴 이상 규모의 유조선이 연안으로 운항할 경우, 사고가 나더라도 3시간 이내에 모두 회수할 수 있는 장비를 갖추고 있다고 하던데 말이야.”

그러자, 다른 한 청년이 손을 내 저었다.

"일본하고 우리나라하고 비교할 수가 없지. 일본은 30만 톤 이상의 기름이 터지는 사건이 생겨도 이틀이내에 모두 그 기름을 걷어 들일 수 있는 기술이 있다구. 우리나라가 일본에 비하면 거북이 걸음마지…… 일본이 30만 톤 이상 기름이 터져도 이틀이면 다 걷어내지만…… 우리나라는 겨우 3만 톤의 기름이 유출되어도 며칠 몇날이고 쩔쩔매잖아……"

선장님은 참담하게 고개를 끄덕거렸다.

"자, 다 맞는 말이다. 그러나 이러고 앉아 있으면 우리 바다는 더 기름때로 시꺼매지고 우리 생계에도 뾰족한 수가 안 난다. 아주 작은 우리 힘이라도 모아야지…… 어서 기름 흡착포를 준비하고, 볏짚을 준비해라. 어서 어서."

선장의 말을 듣자, 사람들은 정신없이 물품을 준비하고 옷을 갈아입었다.

"아빠, 저 아저씨들 말이 맞아요."

아빠는 고개를 끄덕이셨다.

"그래, 미국에서 우리나라가 기름을 처리하는 유처리제를 뿌리는 광경을 봤던 국립 해양 대기청 소속의 한 방제전문가 제리 갈트 박사는 '전형적인 후진국형'이라고 말했다. 분무기 노즐을 통해 정확히 계산된 양만큼 뿌려야 하는 유처리제를

소방호수로 그냥 마구잡이로 뿌려대는 것을 보고 한 말이다. 유처리제를 마구잡이로 뿌려대면 그것 때문에 바다는 다시 오염된다. 그러니 얼마나 한심한 일이냐. 청년들이 분개하는 것도 다 일리가 있단다."

"아빠, 그럼 우리 바다만 병들겠네요."

"글쎄 말이다. 청년들의 말대로 일본은 최신 설비와 과학자들의 힘으로 아주 빠르게 기름을 걷어낸다고 하던데."

"자, 어서 갑시다."

할아버지, 할머니, 어린 아이 할 것 없이 모두 선장을 따라 나갔다.

땡순이도 선장님을 따라 나갔다.

"우리도 가자. 우리도 도와줘야지. 작은 힘이지만."

아빠가 다급하게 말했다.

"네."

아빠와 나는 선장의 배에 올랐다.

배는 유조선의 기름이 유출된 장소로 갔다. 다른 어촌의 배들도 소식을 듣고 오는 모양이었다. 그 주의에는 많은 배들이 떠 있었다.

막상 사고 현장으로 와보니 나는 입이 딱 벌어졌다. 그 넓은 바다위에는 시꺼먼 기름이 온통 까맣게 떠 있었다. 푸른 바

다에 시꺼먼 천을 입힌 듯했다. 너무 보기 싫고 소름이 끼치도록 징그러웠다.

이건 내가 상상한 정도보다 비교하지도 못할 만큼 크고 엄청난 기름이었다.

기름띠는 무서운 속도로 푸른 바다를 삼켜가고 있었다. 무서운 병균이 삽시간에 퍼지는 듯한 기분이었다.

바닷가에 오래 살았던 아주머니들도 너무 놀라서 비명만 질렀다.

"에고, 맙소사!"

"세상에 저럴수가."

"내가 지금껏 본 것 중에 가장 큰 기름덩이구만."

늙으신 할머니도 힘이 빠진 목소리로 말했다.

"자, 빨리 빨리, 기름 흡착포로 기름을 걷어냅시다."

선장님의 말에 사람들은 다시 정신을 차리고 기름을 걷어내기에 힘을 다했다.

인근 여수 해경이 보유하고 있던 오염관리정이 사고 해역에서 유처리제를 뿌려 대었다. 아빠가 말한대로 정확한 위치에 뿌리지 않고 대충 눈대중에 의해서 뿌려 대었다.

그 유처리제가 아주 심각하게 바다 오염을 일으키는 원인이라는 걸 알면서도 말이다.

아빠는 아주 어이없게 그 모습을 바라보았다.

"세상에, 정말 어이가 없군. 이건 적이 대포로 밀고 들어오는데 장난감 총으로 맞서는 꼴하고 비슷하구나."

"아빠, 그게 무슨 말이야."

"미국의 경우 이런 경우가 발생하면 해양대기청 소속의 바다 오염을 전공하는 석·박사 출신들이 긴급히 출동한다. 이들은 5년간의 별도 특수교육을 받은 사람들이야. 교육 과정에는 헬기, 비행기, 군함의 조종술도 포함된다. 뿐만 아니라 그들은 스쿠버 다이빙, 군함의 조종술도 배우지. 그들은 기름 유출 사고를 예고 없는 적이라고 생각한단다. 그래서 그들은 고도로 훈련을 받고 있는 거란다. 그들은 마치 병사와도 같애. 적과 맞서려면 탱크, 전투기, 대포, 미사일이 필요하듯이 기름 유출을 빨리 막으려면 방제 선박과, 오일펜스, 기름을 회수하는 기계를 많이 준비해 놓고 있지. 또한 기름을 효과적으로 막아내려면 군사 작전 못지않게 치밀한 작전이 필요하단다."

"치밀한 작전이요? 그냥 기름을 걷어내는 게 아니라요?"

"그래, 파도가 2~3미터 치면 더 오염관리정은 제대로 제구실을 못한다. 기름에 맞서 싸울 방제능력과 국가 긴급 계획

이 필요하다. 인원들도 이렇게 어민들이 나와 돕는 게 아니라 전문적으로 훈련받은 사람들도 필요하고……”

아버지는 사진을 계속 찍어대었다.

배 위와 해안가에는 난리였다. 어린 아이들은 울고 꼬마 아이들은 울상이 되어 있었다.

나는 땡순이 옆으로 갔다. 땡순이는 슬프게 말했다.

"아, 이런 일이 지금 세 번째야. 난 어렸을 때 봤어. 온 동네 사람들이 정성껏 기른 양식장들이 기름으로 하나도 못쓰게 됐지. 사람들은 며칠 내내 울고불고, 기름에 죽은 고기들이 잡히고……"

그때였다. 어느 선원 하나가 바다에서 무엇을 건져 내었다.

물고기는 아니었다. 사람들은 그곳으로 모여 들었다.

"오, 바다갈매기다."

누군가 말을 하자, 사람들은 높고, 낮은 비명을 질렀다.

그랬다. 기름을 흠뻑 뒤집어 쓴 바다 갈매기였다 그 하얗던 털들은 모두 기름을 푹 뒤집어 쓴 채로 고개를 축 늘어뜨리고 죽어 있었다.

바다 갈매기!

그렇게 자유롭고 평화롭게 하늘과 바다 위를 날던 바다 갈매기가 기름을 먹고 죽은 것이다.

너무나 끔찍해서 어떤 아이들은 울음을 터뜨렸다.

유조선의 기름을 걷어내는 일은 계속 되었다.

아빠 회사에서 취재 기자가 내려오고, 아빠는 사진을 찍었다. 그래서 나는 그곳에 더 머물 수가 있었다.

그러나 그 조용하고 한가로웠던 어촌은 초상집이었다.

기름은 계속 해안가로 밀려들었던 것이다. 바다에 양식했던 고기들과, 어패류들은 못쓰게 되었다. 땡순이의 말대로 기름을 먹고 죽은 고기떼들이 바다 위에 둥둥 떠다녔다.

어민들의 피해는 이만저만이 아니었다. 그러나 정부는 그 책임을 자꾸 피하기만 한다고 아빠는 안타까워했다.

"정부에서 큰 돈을 투자해서라도 기름유출이 날 때마다 그 사고를 신속하게 막을 수 있는 경비정과 인원들, 과학적인 설비들을 마련해야 할 텐데…… 국민의 세금으로 나라를 운영하면서 이럴 때 돈을 쓰지 않으려고 한다니."

"아빠, 그건 왜 그래요?"

"한 연구소에서 비용을 정부로 올렸는데 그게 너무 큰 돈이라면서 없었던 거로 하자고 했다는 구나…… 취재 기자가 그러더구나."

아빠와 내가 마루에 앉아서 잠시 이야기를 하고 있는데 선장님은 어두운 표정으로 집에 들어오셨다.

"정말 세상이 어떻게 돌아가는지 모르겠당게."

"왜 그러십니까?"

"글쎄 우리 가난한 어민들은 바다만 보고 사는디…… 피해

보상한다고 하는 게 쥐똥만큼도 안되요. 어떻게 해야 헙니까. 선상님."

"대체 뭐라고 하는 데요."

"피해 보상을 해 주겠다고 말로만 하더니 오늘 그 피해 보상액을 발표하는디…… 터무니 없는 거랑게. 우리 어민들이 모두 데모하겠다고 난리가 아니랑게요."

"그곳이 어딥니까. 취재 기자를 데리고 가지요."

"아이고, 고맙습니다. 선상님. 신문에 나면 좀 나을랑

가…… 그러나 뭐혀…… 이미 바다는 기름에 먹칠이 되었고, 고기들은 죽고…… 우리는 뭘 믿고 산다요."

나는 선장님의 마지막 말이 가슴에 찔렸다.

땡순이의 커다란 눈에는 눈물이 맺혀 있었다.

그 다음날, 아빠와 짐을 챙기고 집을 나섰다. 아빠는 일부러 먼저 나갔다. 땡순이는 마당에 서 있었다. 기름 유출 사고로 활기차게 웃던 모습을 볼 수 없었다.

"땡순아, 잘있어. 내년에도 놀러 올게."

"잘가. 오, 오빠."

"헤헤헤…… 갑자기 이상하다 오빠라고 하니까."

내가 웃자 땡순이도 오랜만에 밝게 웃었다.

"자, 이거 가지고 가랑게."

땡순이는 예쁜 고동을 주었다.

"와, 정말 예쁘다. 귀에 대면 네 웃음 소리가 들릴거야. 헤헤헤…… 어, 그런데 너 하룻밤 사이에 볼에 있는 점이 커졌네."

"점이?"

"그래, 이리 와 봐."

나는 땡순이의 볼을 만지는 척 하면서 뽀뽀를 해버렸다. 땡순이는 굳은 떡처럼 온 몸이 굳어버렸다. 마네킹이 된 것 같기도 했다.

"아빠가 첫사랑의 뽀뽀는 영원히 잊지 못한다고 했거든. 내가 너를 영원히 잊지 않으려고 해."

땡순이는 그 말을 듣자 얼굴이 석양빛처럼 삽시간에 붉게 물들더니 후다닥 방으로 뛰어 들어갔다.

큰 바다도 작은 우리 손 안에

아빠가 취재해서 찍은 사진은 신문 1면에 크게 났다. 서울에 올라와서 보니까 텔레비전으로도 방송이 되었다고 한다.

"바다가 죽으면 결국 우리가 죽어. 사람들이 한시바삐 그 심각성을 뼈저리게 알아야 하는데……"

그러자, 옆에 있던 엄마가 물었다.

"그렇게 심각해요?"

"그럼, 우람이네 엄마가 당한 일 벌써 잊었어. 바다에 흘러든 기름은 바닷물 표면에 기름막을 이루어 공기 중의 산소가 바닷물에 녹아드는 것을 막고 태양 광선의 투과를 감소시켜 바다의 가장 기본적인 생물인 식물성 플랑크톤이 광합성에 지장을 준다구. 또 바다 표면으로부터의 수분 증발을 막아서 바다 온도를 높여서 해양 생태계의 균형을 깨트려."

"어머머, 보통 문제가 아니네. 바다는 멀리 떨어져 있어서 바다 오염은 그렇게 심각하게 생각하지 않았는데……"

"이사람 별나라에 사는 사람이야? 달나라에 사는 사람이야? 그 뿐인 줄 알아. 기름의 농도가 높아서 바닷새의 떼죽음을 일으키기도 하고, 물에 녹는 기름 성분 중 페놀, 벤젠, 톨루엔 등은 매우 독해서 해양 생물들을 죽이기까지 해. 그 기름을 먹은 고기들이 결국 우리 집 밥상에 올라앉게 되는 거라구."

아빠는 신문을 덮고 자세하게 말해주었다.

그렇다. 바다 오염 문제는 남의 나라 이야기도, 남의 문제도 아니다. 바로 내 문제이다.

아빠가 말씀하시는 것을 듣고 나는 한 번 실감했다.

그때, 전화벨이 울렸다. 아빠가 받았다.

"아, 선장님이시군요……"

아빠의 말에 나는 가슴이 콩닥콩닥 뛰었다. 선장님이라면 땡순이의 아빠였다.

"네네, 아닙니다. 감사하기는요. 당연히 해야 할 일이지요."

땡순이의 목소리라도 듣고 싶었지만 어른들 전화통화 하는 데 끼어들 수가 없었다.

"네. 알겠습니다. 언제 한번 꼭 들리지요."

찰칵.

전화가 끊기자 내 마음에 있던 긴장도 톡 하고 끊어지는 것 같았다.

"아빠, 왜요?"

"응, 일이 잘 되었다고 하는구나. 피해보상도 다시 이루어지고, 이번 기회로 오염지도도 만들고 앞으로의 대책을 단단히 세우기로 했단다. 정말 그렇게 돼야 할 텐데…… 다음 주에 서울에 한번 올라오신단다. 그래서 우리 집에 꼭 한번 놀러 오시라고 했다."

"어, 언제요?"

"글쎄, 그건 모르겠는데……"

아빠는 일부러 머리를 갸우뚱 거리는 것 같았다.

"때, 땡순이는요?"

"글쎄, 아버지가 일 때문에 올라오는데 땡순이까지 올라오겠니?"

그러자, 옆에 있던 엄마가 내 말에 놀라서 물었다.

"땡, 땡순이가 뭐니?"

"내 동생!"

"뭐!"

엄마는 깜짝 놀랐다. 그러자 아빠가 여수에 갔던 일을 다시 자세히 설명해 주었다.

엄마는 내게,

"너, 그렇게 땡순이가 좋아, 그렇게 여동생이 갖고 싶으

니?”

“응, 정말 땡순이가 내 동생 했으면 좋겠어. 얼마나 예쁜데, 아프리카 소녀처럼 시꺼멓긴 하지만…… 공부 열심히 할 테니까 여동생 하나만 낳아주라. 둘도 안바래. 딱 한명!”

“우리 아들 말 한번 잘한다. 속이 다 시원하네!”

아빠와 나는 당황해하는 엄마의 얼굴을 보고 키득키득 웃었다.

드디어, 개학이었다.

밀린 숙제, 특히 밀린 일기를 쓰느라고 혼쭐이 났지만 나는 하루 바삐 우리 반 아이들을 보고 싶었다. 방학동안 내가 겪은 이야기를 해 준다면 아이들은 얼마나 놀랄까?

‘바다 오염에 대한 실질적인 심각성을 아이들한테 재미있고 유익하게 알려주는 방법이 없을까?’

나는 곰곰이 생각해 보았다.

‘일단은 우리들이 할 수 있는 일이 무엇인지 조사해 봐야겠다.’

나는 벽에 붙어 있는 괌에서 찍은 아름다운 바닷속 풍경을 바라보았다.

나는 땡순이가 준 고동을 귀에 대었다.

'아!'

윙윙, 우아우아앙, 우아아왕. 소리가 들려왔다.

푸른 바다가 눈에 둥실 떠올랐다.

바다 소리, 바다에서 부는 바람소리, 해변 위에서 알 듯 모를 듯 움직이는 조개들, 게의 발짝 소리, 바다 갈매기가 엄마 따라 빙빙 나는 소리.

나는 가슴이 따뜻해지고 평온해졌다.

이윽고 땡순이의 투명한 맑은 눈빛속에서 무언가 말을 하려고 하는 것만 같은 속삭임이 들릴 것 같기도 했다.

"바다야, 뭐하니? 어서 학교 가야지."

"네."

나는 책가방을 들고 현관문을 나섰다.

여름 방학동안 무척 커버린 느낌이었다.

그건 아마도 어촌에 사는 어딘들, 바다단 바라보고, 어렵게 사는 가난한 사람들을 직접 만나고 왔기 때문일지도 모른다. 그런데 그 바다가 각종 폐수와, 오물, 기름유출로 인해 바다 생물들이 죽어가고 결국 어민들도 더욱 어려워지고……

'바다를 살리자, 내가 할 수 있는 방법부터 찾아 보는 거야.'

나는 내내 그 생각에 빠져 있었다.

그러자 뒤에서,

"바다야, 잘 보냈니?"

"응."

우람이었다. 우람이는 씩씩하게 대답했다. 바다는 우람이에게 물었다.

"넌, 여름 방학 동안 뭐했니?"

"학원 다니느라 바빴지 뭐. 학교 다닐 때보다 더 바빴어. 자그만치 학원을 세 군데 더 다녔으니까. 너는 또 여행 갔다면서…… 좋겠다. 진짜 부러워 죽겠어."

"헤헤, 아빠랑 바다 낚시하러 갔다왔어…… 낚시는 제대로 못했지만."

"왜?"

나는 우람이에게 여수에서 있었던 사건을 이야기 해 주었다. 그러자, 우람이도 무척 놀랐다.

우람이도 기름을 뒤집어 쓰고 죽은 갈매기 이야기를 하자, 속이 무척 상했다.

"우리가 할 일이 없을까?"

내가 먼저 우람이에게 물었다. 그러자, 우람이가 시무룩하

게 대꾸했다.

"그렇게 큰 바다의 오염을 막는데 우리 같은 아이들이 무슨 일을 하겠어?"

"아니야, 그렇지 않아. 십원이 열 개 되면 백원되고 백원이 열 개 되면 천원되고, 천원이 열장 모이면 만원되고…… 백만원이 열장이면 천만원……"

"야, 바다야, 왜 갑자기 돈 타령이야."

"이렇게 너와 나 한 두 사람부터 시작되는 바다 사랑이 힘이 모아지고, 모아지면, 우리 반, 우리 학교, 우리 동네, 우리 나라…… 전 세계가 바다 사랑에 동참하게 되는 거라고."

"그래, 그래 알았어. 그런데 먼저 어떻게 할 건데?"

"요즘 생각중이야. 내가 좋은 생각해내면 도와주어야 해."

"오케이! 난 눈이 없는 이상한 생선 먹고 싶지 않으니까."

나와 우람이는 굳은 약속을 했다.

나는 그날부터 마음에 맞는 여러 명의 아이들을 모았다. 그리고 우리는 점심시간에 모여 바다 오염의 심각성을 알리기 위한 계획을 짰다. 다른 아이들에게 비밀로 하기로 했다.

영문을 모르는 아이들은 우리를 보고 이상하게 생각했다.

"재네들은 왜 매일 모여서 수군수군 대는 거야."

"헤헤, 장난꾸러기 우람이가 있는 거 보니까 새로운 여선생님한테 장난치려고 하는 게 분명해."

"그 엄청난 덩치여사 맘모스한테?"

"설마?"

아이들은 서로 아무렇게나 상상했다. 그런 이야기를 들은 나는 빙그레 웃었다.

그로부터 일주일 후.

한달에 한 번씩 열리는 학예회 날이었다.

선생님은 교단에 나오셔서 말씀하셨다.

"오늘은 바다가 여러 친구들과 꾸민 연극을 보여주겠다고 한다. 바다 오염의 심각성을 알리는 연극이라고 한다."

"여, 연극이요?"

"연극?"

아이들이 웅성거렸다. 나는 교단위로 나갔다. 나는 커다란 봉투에서 사진을 꺼내 칠판위에 붙였다.

"이건 이번 부모님과 괌에 여행할 때 찍은 바닷속 사진입니다."

"와, 멋있다."

"어머머, 너무 예쁘다."

"저게 바로 산호초라는 건가? 색깔 좀 봐. 울긋불긋 긴 가지가 뻗어 있어!"

아이들은 저마다 놀랐다.

"자, 조용히 해 주세요. 이 사진을 왜 붙였는지 제가 직접 설명하지 않고 연극으로 보여 드리겠습니다."

나는 옆으로 물러났다. 그러자 한쪽으로 가려진 커튼 사이로 망둥어 분장을 한 우람이가 헤엄치듯 걸어 나왔다. 입은 하마처럼 쩍 벌리고, 꼬리는 아주 작게 만들어 엉덩이에 붙였다.

노란 천에 검은 색 땡땡이를 한 옷이 너무나 우스꽝스러웠다.

아이들은 그 모습을 보자, 배꼽을 쥐고 웃었다.

"으하하하. 정말 고기 같애."

"정말 약간 머리 돈 물고기!"

그러자, 우람이가 입을 물고기처럼 삐쭉거렸다.

"야, 너희들 왜 내 모습을 보고 웃는 거야. 나는 물고기지만 이름있는 물고기라고…… 망둥어라고 해. 망둥망둥 헤엄치거든. 우리 조상들은 압록강에서 살았대. 그러니까 내 본적은 압록강…… 그러나 육이오가 터지자 조상들은 남한으로 헤엄을

쳐왔어. 우리 부모님은 한강의 북쪽에서 흐르는 북한강과 남쪽에서부터 흐르는 남한강의 양수리에서 나를 낳았어. 그때까지만 해도 좋은 시절이었어. 물 좋고…… 공기 좋고…… 나는 여행을 했어…… 친구들도 엄청 많았지. 강화도 근처에서 조개나, 게, 낙지, 바지락, 참게를 만났어. 난 참게 여인을 사랑했지…… 그런데 그 예쁜 손톱으로 꼭 꼬집을 때는 얼마나 아팠는지…… 그래도 사랑은 참는 게 아니겠남?

아이들은 망둥어 분장을 한 우람이의 능청스러운 말투에 배꼽이 빠져라 웃었다.

그런데 갑자기 우람이는 울상이 되었다.

"으아앙……"

아이들은 깜짝 놀랐다.

"그런데 그만 강한 물살에 나는 그 참게 여인과 헤어지게 됐지. 어찌어찌 해서 나는 오염된 근처의 강으로 오게 되었어. 그런데 그곳은 끔찍한 지옥이었어. 그곳은 어찌나 쓰레기가 많은지 내 종족 물고기들은 숨을 쉬지 못하고 시들시들 안색이 시퍼렇게 변해가면서 괴로워하고 있었어. 구해주고 싶었지만 방법이 없었던 거야…… 내 친구 아내가 예쁜 아기를 낳았는데…… 그 망둥어 애기가 글세 지느러미가 한쪽밖에 달리지 않고, 콧구멍도, 눈도 없는 기형아로 태어난거야…… 친구는 너무 슬퍼서 일부러 사람이 던진 낚시밥을 꿀꺽 삼키고 잡히려고 했지. 스스로 죽는 건 세상에서 가장 나쁜 죄라고 나는 열심히 타일렀어. 물고기들도 살고 싶어. 너희들처럼…… 우리도 맑은 물 속에서 가정을 꾸미며 행복하게 살고 싶다고…… 행복하게."

우람이가 눈물까지 뚝뚝 흘리며 말하자, 아이들은 가슴이 아팠다.

그 다음에는 온통 얼굴이고 몸이고, 다리가 까만 옷과 까만 칠을 한 영아였다.

"와!"

아이들은 놀랐다. 영아는 반에서 가장 착하고 예쁜 여자 아이로 소문났는데 온 몸에 검뎅이칠을 했으니 놀랄 수 밖에. 팔에는 커다란 날개를 붙였다.

"나는 바다 갈매기야, 나는 이미 죽었어."

"으악 무서워."

"키득키득, 죽은 갈매기가 말도 하네……"

장난꾸러기 아이들은 농담을 걸었다. 다른 한 아이가 소리쳤다.

"그런데 왜 그렇게 온통 까매. 아프리카 갈매기니?"

"으하하하."

그러자, 영아는 고개를 푹 숙였다. 마치 갈매기가 기다란 고개를 푹 숙이는 느낌이었다.

"난 원래 온통 하얀 털을 가지고 태어난 바다 갈매기야. 나는 남해에서 자랐어. 고향인 바다와 항구, 배, 그리고 나를 보며 웃는 아이들을 보며 자랐지. 난 행복했어. 그런데 어느 날 커다란 배가 고장나서 그 안에 있던 어마어마한 기름(원유)이 푸른 바다에 뿌려졌어. 바다는 온통 검은색으로 변했지. 나는 바다가 너무 무서웠지만 걱정도 되었어. 다가가서 바다를 쓰다듬었는데 그 기름으로 물든 바다에 빠져서 나는 기름덩어리를 삼키게 되었어. 너무나, 고통스럽게 죽었어. 너희들도 텔레비전에서 보았을 거야."

그 다음에 아빠가 준 기름에 젖은 채 죽은 , 바다 갈매기 사진을 꺼내서 아이들에게 보여 주었다.

"악!"

그 사진의 생생함이 아이들의 온 몸에 놀람과 두려움을 던져 주었다.

"너희들이 우리들을 도울 수 있는 유일한 사람들이야……

제발 부탁이야. 우리가 마음 놓고 바다 위를 날고 바닷물을 먹을 수 있도록 해줘."

영아는 검은 날개를 퍼덕거리며 들어갔다.

그 다음에는 공장에서 폐수를 버리는 어른과 아이의 대화였다. 역은 우진이와 현석이가 했다.

우진이는 털을 북실북실 달고 나왔다. 우진이는 강에 폐수를 버리면서,

"나는 염색 공장 사장이야. 어차피 이 강은 유원지, 횟집, 매운탕집이 많이 들어서서 이미 거품투성이가 부글부글 끓어

대는 더러운 강이야. 그리고 이 강물은 어마어마한 바다로 흘러 들어가게 돼 있다고? 알게 뭐야? 이까짓 강이 더러워지는 건 나하고 상관없어."

그러자 앞에 서 있는 아이 역을 한 현석이가 말했다.

"아저씨, 그 강물이 바로 댐으로 들어가서 수돗물로 만들어지는 줄 모르세요?

"뭐, 이 거품이 끓는 물이 수돗물로…… 으웩…… 그렇지만

난 알래스카산 수입 물을 먹는다고…… 그러니까 우리 가족과 나는 걱정없어. 허허허허."

우진이는 입을 벌리고 어른 남자 흉내를 내었다. 그러자 아이들이 다시 한바탕 웃고, 곧 훈석이가 물었다.

"아저씨는 물만 먹고 사세요?"

"뭐, 뭐라고?"

"쌀이나, 다른 채소, 고기도 모두 알래스카에서 수입해서 먹나요? 아저씨도 그 수돗물로 밥 해먹고, 몸 씻고…… 농사하시는 분들한테는 바로 농업용수가 된다구요. 그 물로 벼농사를 짓고, 쌀을 수확하는 거라구요. 아저씨가 먹는 밥 속에도 그 강물이 들어가 있어요."

"으악! 더러워."

"그래도 아저씨와는 상관이 없는 문제에요. 아저씨 같은 사람들이 더 많아진다면 머지않아 우리의 밥상에 눈없는 고기, 오염된 땅에서 자란 야채, 오염된 강물에서 자란 조개나, 굴 같은 어패류, 생선을 먹게 될 거에요…… 결국 우리도 병들어 가겠지요……"

현석이가 힘준 말에 아이들은 박수를 쳤다.

콩쥐 팥쥐 같은 고전 연극을 생각했던 아이들은 예상밖에 너무나 충격적인 연극이어서 더욱 놀라고 감탄할 수밖에 없었다.

마지막으로 한 명이 더 나왔다. 이번에는 붉은 가발, 붉은 색 옷, 붉은 보자기를 쓰고 나왔는데 반장 은철이었다.

"으히히히. 내가 누구냐고?"

"빨간 슈퍼맨?"

어떤 아이가 말하자 폭소가 터졌다. 그러자 은철이는 악마

같은 웃음소리를 내었다.

"나는 적조라고 해."

"적조가 뭐야."

"바다 생물들을 떼죽음으로 만드는 죽음의 신이지. 으허허 허허…… 바다의 플랑크톤이 적은 공간에 1억 개 이상 마구 번식할 때 난 이렇게 검붉어지고, 시뻘개지는 죽음의 신으로 바뀌. 물 속의 산소를 급격하게 줄어들게 해서 바다 생물들이 숨을 못 쉬게 하지…… 그런데 오히려 바다 생물을 살려야 할 사람들이 나를 도와주거든…… 너무너무 재미있어. 육지에서 흘러나오는 도시 하수, 산업폐수에서 흘러 보내면 나는 더욱 기운이 세지거든…… 나를 막는 길은 오직 더러운 물을 강이나 바다로 흘러 보내지 않는 거야. 으하하하…… 그런데 사람들은 그것을 뻔히 알면서도 매일매일 시꺼먼 물을 보내니 말이야. 너무 미련한 것 같애…… 어리석은 인간들아! 흐하하하하, 으히히히히."

은철이는 정말 미친 듯이 웃그 지나갔다.

어떤 아이들은 은철이 때문에 웃었지만 곧 조용해졌다.

곧 나는 교단위로 나갔다.

"이것은 연극으로 꾸몄지만 처음부터 끝까지 사실입니다.

바다는 우리가 지켜야 합니다."

"우리가 어떻게?"

누군가 물었다.

"일단 물을 아껴 써야 합니다. 여러분들은 이닦기나 샤워할 때 수도꼭지를 틀어두고 씻거나 닦는 분들이 많습니다. 깨끗한 물이 그대로 버려집니다. 합성세제를 사용하지 않는 것, 음식물을 남기지 않고 깨끗하게 버리면 생활 찌꺼기들이 하수로 버려지지 않겠지요. 동네 하천에 더러운 물을 버리지 않을 것, 어른들을 설득하고 감시하는 것도 중요한 일입니다. 방법은 많습니다. 단지 우리가 찾지 않을 뿐입니다. 괌에 갔을 때 아빠가 바다 색깔은 일곱 가지라고 말했습니다. 그리고 그 색깔마다 바다의 마음이 한 가지씩 담겨 있다고 했지요. 아빠는 그중에 한 가지를 잊어버렸다고 했습니다. 그런데 저는 그것을 알아냈습니다. 그건 바로 사랑의 마음이라는 걸 말입니다. 바다는 우리에게 사랑을 주었고, 이제 우리는 바다에게 그 사랑을 돌려주어야 한다는 것을 말입니다."

아이들은 커다랗게 박수를 쳤다. 우리 반은 곧 회의를 했고, 우리가 할 수 있는 방법들을 실천하기로 했다.

집으로 돌아오는 길은 발걸음이 너무 가벼웠다.

'하면 된다!'

그런데 집 안으로 들어가려고 하는데 누군가 등을 톡톡 쳤다.

뒤돌아보니…… 땡, 땡순이였다!

"때, 땡순아!"

"잘 있었능감!"

나는 땡순이의 손을 잡았다.

"넌 여전히 까망구나!"

나는 너무 기뻤다.

"어, 그 사이 귀가 당나귀처럼 자랐어."

"에이, 서, 설마!"

"아니랑게."

땡순이는 천천히 걸어오더니 내 양 쪽 귀를 꽉 잡았다. 그러더니 갑자기 볼에 뽀뽀를 했다. 아무것도 보이지 않았다!

"나도 오빠를 영원히 잊지 않을란다!"

당했다!

우리도, 강도, 산도, 바다도 서로 사랑을 주고받았으면 세상이 얼마나 황홀할까? 이렇게 말이다.

물고기들의 학예회

2013. 12.   5 인쇄
2013. 12. 10 발행

엮은이 대한과학진흥회
펴낸이 신 주 황
펴낸곳 스완미디어
등록 제2-4534호
주소 서울 · 중구 만리동1가 12-33 태영빌딩
대표전화 02) 393-0026
팩스 02) 312-8349

ISBN 978-89-92565-42-4

값 8,500원
※ 잘못된 책은 구입하신 곳에서 바꾸어 드립니다